사장의 수첩에는 무엇이 쓰여 있을까?

INSAITO CHUSHIN NO SEICHO SENRYAKU

Copyright ⓒ 2024 Youji NAKAMURA
All rights reserved.
No part of this book may be used or reproduced in any manner
whatsoever without written permission except in the case of brief quotations
embodied in critical articles and reviews.

Originally published in Japan by Jitsugyo no Nihon Sha, Ltd.
Korean Translation Copyright ⓒ 2025 by DONGYANG BOOKS CO.
Korean edition is published by arrangement with Jitsugyo no Nihon Sha, Ltd.
through BC Agency.

이 책의 한국어판 저작권은 BC에이전시를 통해 저작권자와 독점계약을 맺은 (주)동양북스에 있습니다.
저작권법에 의해 한국 내에서 보호를 받는 저작물이므로 무단전재와 복제를 금합니다.

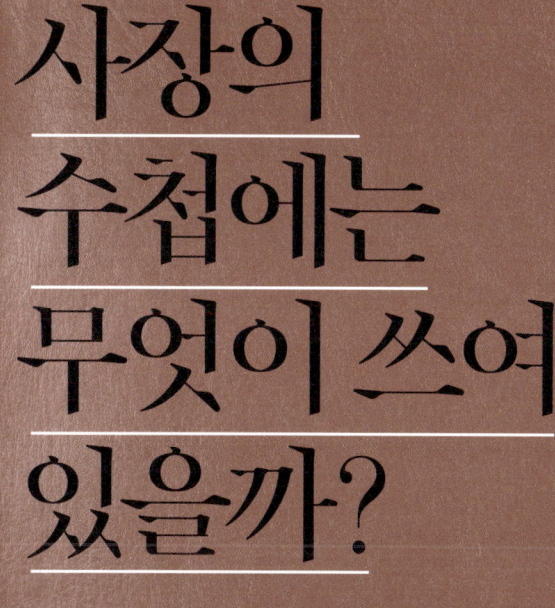

사장의 수첩에는 무엇이 쓰여 있을까?

나카무라 요지 지음 | 김양희 옮김

상장기업 창업가의 전략 설계부터 철수까지

동양북스

차례

머리말 잘되는 회사 사장의 수첩에는 무엇이 쓰여 있을까?   8

맨손으로 시작해 성공을 이룬 사장들   13

1부
잘되는 회사의 사장은
새로운 사업 분야를 어떻게 찾을까?

사업 영역 선정   20

1장 지나치기 쉬운 순간도 사장의 수첩에선 특별해진다

성공한 사장들은 도대체 어떤 기회를 본 걸까?   30

돈을 잘 버는 기업을 따라가면 정말 성공할까?   34

열정으로 시작하되, 끝까지 살아남아라   41

성공한 사장들은 틈을 놓치지 않는다   48

일하다 적은 한 줄을 훗날 사업 아이템으로   51

2장 성공한 사장의 수첩에는 어떤 무기가 있는가

지금 가진 무기로 얼마나 키울 수 있을까?	56
경쟁사에 없는 역량에 주목하라	62
강점 하나만 믿고 시작하면 망하는 이유	69
뛰어난 사업가는 쉽게 만족하지 않는다	73
평범한 학생에서 성공한 사장으로	80
이런 사람 한 명만 있어도 사업은 돌아간다	84
제대로 준비하지 않은 신사업은 돈 들인 실패일 뿐	88
사업은 밖에서 보는 것과 안에서 보는 것이 다르다	102

3장 이 시장에 정말 뛰어들어도 괜찮을까?

시장을 제대로 읽지 못하면 결국 시장에서 사라진다	118
정보 없이 뛰는 사람은 금세 먹잇감이 되다	132

2부

성공한 사장의 수첩에서
인사이트를 찾아내라

　　인사이트의 발견　　　　　　　　　　　　　　142

1장 잘되는 사장은 '무엇'보다 '어떻게'에 주목한다

　　성공한 사업가들의 인사이트　　　　　　　　152
　　잘 파는 사장이 집중하는 두 가지 인사이트　　160
　　고객은 수많은 아이디어를 품은 파트너다　　　165
　　선행 기업을 모범 답안이자 오답 노트로 활용하라　174

2장 성과의 수준을 바꾸는 인사이트 활용법

　　선발 주자가 실패한 이유를 알아내라　　　　　180
　　유능한 사장은 왜 '너무 새로운 생각'을 경계할까?　193
　　고객과 경쟁자, 성공한 사장은 누구를 먼저 봤을까?　198
　　인사이트에 정답은 없다　　　　　　　　　　202
　　새로운 사업은 정답을 만드는 과정이다　　　　209
　　신사업 계획서를 올리기 전에 확인해야 할 것들　215

3부

성공한 사장의 수첩에는 결과가 담겨 있다

신사업 추진   226

1장 성공 확률을 높여줄 신사업 추진 방법

망설임은 성공의 기회를 없앨 뿐이다   236
성공한 사업가들이 모두 쓰는 전략   257
대기업의 신사업 도전, 그리고 조직적 문제의 극복   262
신사업은 왜 대기업에서 더 어려울까?   274

2장 사업을 계속할까, 멈출까?

철수는 언제 결정해야 할까?   284
성공한 사장은 언제, 얼마나 투자할까?   295

나는 사업가의 자질을 갖췄을까?   299
성공한 사장의 수첩에 적힌 신사업 프로그램   305
저자 경력   315
맺음말 사장의 수첩에는 성공 기회가 쓰여 있다   330
참고 자료   333

머리말

잘되는 회사 사장의 수첩에는 무엇이 쓰여 있을까?

성공한 사장은 무엇이 다를까?

나는 맨손으로 창업해 상장까지 성공했다. 그리고 그 경험을 바탕으로 새로운 사업을 준비하는 수많은 사람에게 조언을 건넸다. 회사의 미래를 그리는 신사업 담당자, 회사의 방향을 책임지는 대표, 새롭게 길을 개척하고 싶은 창업 지망생까지.

그런데 나는 그들과 만나며 의외의 사실을 한 가지 깨달았다. '성공한 사업가들의 신사업 창출 방식이 잘 알려지지 않았다'는 점이다. 오히려 유용하지 않은 이론만 좇다가 실패를 겪는 경우가 더 많았다.

만약 그들이 잘되는 회사 사장의 수첩을 미리 들여다봤다면 어땠을까? 아마도 성공 확률이 높은 선택지만 골랐을 것이다. 그래서 이 책에 성공한 사장들의 수첩에 적힌 비밀을 담았다.

다음을 설계하는 사람들은 결국 방법을 찾아낸다

새로운 사업을 준비하는 사람들은 늘 다른 사람의 마음을 궁금해한다. '고객은 무엇을 좋아할까? 어떤 메시지에 반응할까?'부터 '사장님은 어떤 사업을 구상 중일까?', '지금 세운 전략이 회사의 방향과 맞을까?'까지. 이처럼 끊임없이 질문을 던지는 사람은 결국 방향을 잡고 방법을 찾아낸다. 하지만 그 과정은 결코 쉽지 않다.

그래서 끊임없이 고민하며 움직이는 실무자들, 특히 회사에 먼저 방안을 제시해야 하는 신사업 담당자와 미래를 준비하는 예비 창업자에게 유용한 방법을 알려주고자 이 책을 집필했다.

이 책은 실제로 상장까지 이룬 여러 사업 사례를 중심으로, 어떻게 하면 새로운 사업을 성공시킬 수 있는지를 설명한다. 자사가 직접 신사업을 추진하는 방법뿐 아니라, M&A나 소수 지분 투자 같은 방식으로 새로운 시장에 진입하는 전략도 함께 다뤘다.

더 나아가 대기업에서도 실천할 수 있도록, 전략을 도입할 때 마주하게 되는 현실적인 문제와 그 해결 방법도 담았다.

한 가지 덧붙이자면, 이 책에서는 '창업가'라는 표현 대신 '사업가(혹은 사장)'라는 호칭을 사용했다. 신사업으로 실제 성과를 내는 실무자의 이미지를 담기 위해서다.

또한 딱딱한 표현보다 독자들이 쉽게 공감할 수 있는 언어로 쓰려고 노력했다는 점도 덧붙이고 싶다.

이것만 기억해도 사업은 성공한다

이 책에서 강조하는 핵심 내용은 다음과 같다.

- 신사업은 '자사의 역량'에 강한 영향을 받는다. 따라서 가장 먼저 자사의 역량을 정확하게 파악해야 한다. 만약 새로운 역량이 필요하다면 그에 따른 투자도 충분하게 해야 한다. 내부에서 역량을 키우는 것만이 정답은 아니다. M&A나 소수 지분 투자를 통해 필요한 능력을 외부에서 빠르게 확보할 수도 있다.
- 뛰어들 만한 사업 영역은 대부분 '인사이트'와 함께 발견된다. 인사이트는 멀리 있지 않다. 고객이 느끼는 불편함, 일하다 생기는 질문, 반복적으로 관찰되는 현상에서 찾을 수 있다. 신사업을 성공시키고 싶다면 평소에도 인사이트를 찾는 습관을 길러야 한다.
- 경쟁력을 평가할 때는 전체적인 역량의 조합을 봐야 한다. 즉, 기획, 제조 및 서비스 제공, 영업, 마케팅, 경영 관리 등 주요 기능들이 조화를 이루는지 살펴야 한다. 뛰어난 역량이 하나 있더라도 사업을 꾸준히 이끌기에 부족하다면 곧 한계에 부딪힌다.
- 진입 계기는 곧 기회다. 아직 경쟁력은 부족하더라도, 그 계기를 발판 삼아 조금씩 역량을 키워갈 수 있다. 단, 이때 바로 큰돈을 벌 수 있으리라 기대하면 안 된다. 이 단계의 핵심은 '기회를 발견해' 인사이트를 찾고, 필요한 역량을 하나씩 키우는 데 있다.
- 역량을 키우려면 시간이 걸린다. 특히 새로운 역량을 확보해본 적 없을

수록 더더욱 그렇다. 기업은 평소에도 새로운 역량에 신경 써야만 꾸준히 사업 영역을 넓힐 수 있다. 역량을 계속 키우기 위해서는 항상 새로운 고객층을 개척하고, 새로운 상품을 개발해야 하며, 신규 사업에 계속 도전해야 한다.

☐ 성장 전략의 핵심은 인사이트다. 인사이트는 고객 중심, 선행자 중심으로 생각했을 때 발견할 수 있다. 이때 선행자란, 자사가 진출을 검토하는 영역에 이미 진출한 사업가(혹은 기업)를 말한다. 항상 타깃 고객 및 선행자들과 끊임없이 대화하는 것이 중요하다. 충분한 대화 없이 인사이트를 발견하기란 매우 어렵다. 인사이트는 객관적으로 설명하기 어렵고 배경지식과 경험을 공유하는 사람끼리만 공유할 수 있다.

☐ 새로운 사업을 시작하기 위해서는 열정적인 사업 리더와 민첩한 운영 체계가 반드시 필요하다. 이 두 요소가 없다면 아무리 전략을 잘 세워도 성공 확률은 현저히 낮아진다. 따라서 전략 수립과 동시에, 빠르게 실행할 수 있는 체계를 갖추는 데에도 힘을 쏟아야 한다.

왜 잘되는 회사 사장들은 늘 다음 사업을 준비할까?

불확실한 신사업을 왜 해야 할까? 기존 주력 사업이 앞으로 더 성장할 수 있다면 굳이 새로운 사업에 나설 필요는 없다. 특히 빠르게 성장 중인 벤처기업이라면 기존 사업에 집중하는 편이 오히려 더 나을 수 있다.

하지만 이런 경우는 흔치 않다. 시장은 계속해서 변한다. 기업이 변화를 원하지 않아도 어쩔 수 없다. 변화에 적응하지 못하면 기업은 점점 경쟁력을 잃게 된다. 성장을 위해서든, 심지어 지금의 자리를 지키기 위해서라도 신사업은 필수다.

그래서 성공한 사장들은 항상 다음 사업을 준비한다. 그들은 그 과정에서 무엇을 고민했을까? 그들은 수첩에 어떤 목표를 적고, 어떤 방향을 그리며, 어떤 실수에 밑줄 치고 앞으로 나갔을까? 이 책은 그들의 수첩 속을 몰래 들여다보듯, 사업가들의 전략과 판단 과정을 하나하나 살펴본다.

어쩌면 처음으로 사업을 준비하는 사람에게는 조직적 과제에 대한 설명이 다소 쓸모없게 느껴질 수도 있다. 하지만 규모에 상관없이 조직에서는 다양한 문제가 발생한다. 그러니 미리 조직 문제에 대처하는 방법을 배울 기회로 삼기를 바란다.

맨손으로 시작해 성공을 이룬 사장들

사례 1. 게임 개발 및 벤처 투자 사업

주식회사 아카츠키 이사·아카츠키벤처스 대표

이시쿠라 가즈히로 石倉壱彦

KPMG 아즈사 감사법인을 거쳐 2013년에 주식회사 아카츠키Akatsuki에 합류해 기업의 조직 체계 구축과 주식 상장 준비에 참여했다. 이후 2015년부터 주식회사 3미닛의 CFO(최고재무책임자)로서 경영 관리 전반을 총괄하며 자금 조달, 경영 전략 수립 및 사업 출범에 참여했고, M&A도 주도했다. 2018년에는 주식회사 아카츠키의 집행임원 및 하트 드리븐 펀드의 파트너로 선임되었다. 2022년 4월에는 주식회사 아카츠키벤처스를 설립하고 대표로 취임했으며, 다운 캐피털 대표파트너로 투자 사업을 이끌고 있다.

사례 2. 영어 교육 사업

주식회사 프로그릿 대표

오카다 쇼고岡田祥吾

오사카대학교를 졸업한 뒤, 2014년 맥킨지앤드컴퍼니에 입사했다. 이후 제조업, 헬스케어, 금융업 등 다양한 분야의 기업들을 대상으로 컨설팅 서비스를 제공했다. 2016년 공동 창업자와 함께 주식회사 프로그릿(당시 주식회사 그릿)을 설립했으며, 2022년 9월에는 도쿄증권거래소 그로스 시장에 상장시켰다.

사례 3. 의류 브랜드 사업

주식회사 유토리 대표

가타이시 다카노리片石貴展

메이지대학교를 졸업한 뒤, 주식회사 아카츠키에서 신규 사업부 출범에 참여했다. 2017년 12월에 인스타그램 계정 'furuzyo'를 개설하고, 이듬해 4월, 자본 없이 인스타그램 쇼핑몰 유토리^{yutori}를 창업했다. 2020년 7월에는 지분 51%를 양도하면서 조조그룹^{ZOZO}에 합류했다. 그리고 2023년 12월에 도쿄증권거래소 그로스 시장에 상장시켰다.

사례 4. AI·데이터 과학 사업

주식회사 JDSC 대표

가토 에르되시 사토시加藤エルテス聡志

도쿄대학교 졸업 후 맥킨지앤드컴퍼니, 미국계 제조업체 등에서 경험을 쌓았다. 2013년 일본데이터사이언스연구소(현 주식회사 JDSC)를 창설해 대표로 취임했으며, 2021년 2월 도쿄증권거래소 마더스 시장에 상장시켰다. 2022년에는 주식회사 파이낸스프로듀스 이사로, 2023년에는 메일커스터머센터 주식회사 이사로 취임했다.

사례 5. 공간 대여 매칭 플랫폼 사업

주식회사 스페이스마켓 대표

시게마쓰 다이스케重松大輔

와세다대학교 법학부를 졸업하고, 2000년 동일본전신전화 주식회사에 입사해 주로 법인 영업 기획, 판촉 등을 담당했다. 2006년에는 주식회사 포토크리에이트에서 신규 사업, 홍보, 채용 업무를 맡았으며, 세계 여러 기업과의 제휴도 추진했다. 2013년 7월 포토크리에이트를 도쿄증권거래소 마더스 시장에 상장시켰으며, 2014년 1월 주식회사 스페이스마켓Spacemarket을 창업했다. 2016년 1월에는 공유경제협회를 설립하여 대표(현재는 이사)로 취임했다.

사례 6. 자동차 리스 사업

나일 주식회사 대표

다카하시 히쇼高橋飛翔

도쿄대학교 법학부 재학 중 나일 주식회사Nyle를 설립하고 대표로 취임했으며, 이후 졸업했다. 2010년에는 검색엔진 최적화(웹사이트나 웹페이지가 검색 결과에 더 잘 노출되도록 만드는 기법)를 강점으로 디지털 마케팅 사업에 뛰어들었다. 이후 2012년에는 스마트폰 앱 정보 미디어 '앱리브Appliv'를 중심으로 미디어 기술 사업을 시작했다. 2018년에는 온라인에서 모든 절차를 마치는 자동차 구독 서비스를 출시했으며, 2023년 12월 도쿄증권거래소 그로스 시장에 상장시켰다.

사례 7. 엔지니어 매칭 사업

주식회사 투스톤&선스 대표이사 COO

다카하라 가쓰야高原克弥

초등학생 때부터 프로그래밍을 접하고 직접 만든 웹서비스를 운영했다. 대학 시절에는 스타트업 세 곳에서 엔지니어, 영업, 인사 등 다양한 실무를 경험했다. 2013년, 대학 재학 중 주식회사 브랜딩 엔지니어를 창업하고 COO(최고운영책임자)로 취임했다. 이후 IT 엔지니어 중심의 기업을 표방하며 다양한 사업을 전개해 성장을 이끌었다. 2020년에는 도쿄증권거래소 마더스 시장에 상장시켰고, 2023년 6월에는 지주회사 체제로 전환하면서 회사 이름을 주식회사 투스톤&선스 TWOSTONE&Sons로 변경했다.

사례 8. 크라우드소싱 플랫폼 사업

주식회사 크라우드워크스 전 COO

나리타 슈조 成田修造

14세 때 아버지가 실종되고, 어머니마저 뇌출혈로 쓰러지면서 가세가 급격히 기울었다. 게이오대학교 재학 중에는 아스타뮤즈 주식회사에서 일했으며, 이후 주식회사 이토코레를 설립해 대표이사로 취임했다. 2012년부터는 주식회사 크라우드워크스 CrowdWorks에 합류해 대학교 4학년 때 집행 임원으로 선임되었고, 불과 창업 3년 만에 상장을 이뤄냈다. 상장 후에는 부사장 겸 COO로서 모든 사업을 총괄했으며, 2022년에는 이사 집행 임원 겸 CINO(최고혁신책임자)로서 신규 사업 개발과 투자 분야를 담당했다. 2023년 퇴사 후에는 여러 회사의 사외이사로 활동하며, 새로운 도전을 이어가고 있다.

1부

잘되는 회사의 사장은 새로운 사업 분야를 어떻게 찾을까?

사업 영역 선정

우리 회사는 도대체 뭘 잘할까?

'무엇을 잘하는가?' 이는 새로운 사업을 준비할 때 가장 먼저 확인해야 할 사항이다. 현재 갖춘 역량만 고려하면 진출할 수 있는 영역은 의외로 많지 않다. 그렇기에 사업 영역은 더 신중하게 선택해야 하며, 지금 가장 잘할 수 있는 영역부터 공략해야 한다.

예를 들어, 식품 제조업체가 새롭게 소프트웨어 사업을 시작한다고 해보자. 만약 이전에 관련 사업을 전혀 해보지 않았다면 당연히 성공하기 어려울 것이다.

때론 불가피하게 새로운 영역에 도전해야 할 때도 있다. 그럴 경우에는 해당 시장에서 살아남으려면 어떤 역량이 필요한지 먼저 파악하고, 자사가 얼마나 준비되었는지를 냉정하게 점검해야 한다. 이후에는 부족한 역량을 보완하기 위한 투자가 필수다.

물론 자사의 역량을 내려놓고 '완전히 새로운 영역'을 고민해볼 만한 시기도 있다. 예컨대 새로운 사업을 처음 기획할 때나, 기존 방식에서 벗어나 처음부터 다시 설계하려는 경우다. 여기에 해당하지 않는다면 우리 회사가 무엇을 잘하는지부터 고민해보자.

인사이트도 없는데 조사부터 시작하라고요?

조사할 영역을 정할 때 성공한 사업가들의 수첩에는 이미 인사이트가 쓰여 있다. 아무런 인사이트도 없이 조사부터 시작하는 것은 무모하다. 그러면 몇 달을 고생해도 전략조차 세우지 못한 채 허무하게 끝날 가능성이 크다.

사실 인사이트를 발견한 순간에 진출 영역을 정하고 사업 기회도 자연스럽게 찾는 경우가 많다. 실제로 '인사이트 발견 → 영역 선정' 혹은 '영역 선정 → 인사이트 발견'처럼 순서를 명확히 나누기는 어렵다.

하지만 많은 기업이 아무런 인사이트도 없이 무작정 영역부터 정하는 하향식 방식으로 사업을 추진한다.

예를 들어, 경영진이 "일단 헬스케어 분야부터 조사해봐"라고 지시하는 경우가 그렇다. 그러나 이처럼 아무런 인사이트 없이 조사에 착수하면, 자사의 역량을 기반으로 한 전략을 세우기 어렵다.

물론 상향식 방식도 완벽하지는 않다. 직원이 인사이트를 발견해도 '왜 이 사업을 우리 회사가 해야 하지?'라는 의문에 부딪히기 쉽기 때문이다. 회사에서 낯선 영역이라면 특히 그렇다.

영역을 좁히면 기회는 더 커진다

새로운 사업을 준비할 때 먼저 진출할 영역부터 좁혀야 한다. 그 이유는 크게 세 가지다.

첫째, 합의가 빨라진다. 영역이 좁혀지면 내부적으로 사업 방향도 어느 정도 정리된다. 따라서 사업을 검토할 때마다 '왜 우리 회사가 이 사업을 해야 하느냐'는 질문부터 다시 시작할 필요가 없다. 몇 가지 인사이트만 발견하면 바로 사업을 추진할 수 있다.

둘째, 인사이트를 찾기 쉽다. 영역을 정하는 사람과 인사이트를 발견하는 사람이 꼭 같을 필요는 없다. 인사이트는 고객이나 선행자와의 대화에서 나오기 때문에 기업 규모가 클수록 경영진이 이 역할을 맡기 어렵다. 이때 영역이 명확하면 실무자가 현장에서 인사이트를 찾을 수 있다.

셋째, 자원을 효율적으로 활용할 수 있다. 같은 영역 안에서는 정보, 기술, 고객 등 여러 자원을 사업 간에 공유할 수 있다. 설령 사업에 실패하더라도 그 과정에서 얻은 역량과 자원은 남는다.

역량은 기본 체력과 같다

자사의 역량이란 쉽게 말해 '우리 회사가 지금 이익을 내는 이유'다. 우리 회사는 어떤 점이 경쟁사보다 뛰어나서 고객에게 선택받고 있을까? 제품이나 서비스는 물론이고, 조직의 어떤 역량 덕분에 성과를 내는 것일까?

그 핵심을 제대로 파악하지 못하면 언젠가 경쟁사와 맞붙었을 때 밀릴 수밖에 없다.

이 책에서는 다음 다섯 가지 역량에 주목한다.

- ☐ 마케팅
- ☐ 영업
- ☐ 기획
- ☐ 제조 및 서비스 제공
- ☐ 경영 관리

역량은 지금의 성과를 만드는 기반일 뿐 아니라, 앞으로의 기회를 붙잡기 위한 밑바탕이기도 하다. 기존 고객에게 기존 상품만 팔던 기업이 갑자기 새로운 고객층을 공략해 성공하는 일은 드물다.

신사업을 추진하려면 더 많은 역량이 필요하다. 이는 신사업에만 해당하는 이야기가 아니다. 기존 사업의 경쟁력을 유지하기 위해서도 역량은 끊임없이 키워야 한다.

사업에서 역량은 기본 체력과 같다. 언제든 기회를 잡으려면 평소에도 튼튼히 근력을 키워야 한다.

잘되는 사업가의 수첩에는 '집중할 영역'이 적혀 있다

사업 영역은 기업마다 다르다. 심지어 기업에서도 상황에 따라 계속 바뀐다. 그래서 성공한 사업가들은 기준을 세워 집중할 영역을 먼저 정한다. 예를 들어, '영어 교육', 'Z세대를 겨냥한 상품', '웹 마케팅이 잘 통하는 고가 상품'처럼 말이다.

모든 영역에서 역량을 발휘할 필요는 없다. 핵심은 자사의 강점을 확실히 발휘할 수 있는 영역을 찾아내 그 안에서 굳건하게 자리 잡는 것이다.

유행에 휘둘리지 말고 자신 있는 영역에 집중하라. 그래야 경쟁력을 오래 유지할 수 있다.

정보 수집을 게을리하지 마라

많은 사업가가 처음에는 자신의 경험을 바탕으로 사업 영역을 고른다. 그러다 회사가 성장하면 자사의 역량을 중심으로 영역을 조금씩 넓힌다.

그런데 새로운 영역은 대부분 '우연히' 발견된다. 그래서 평소에도 정보 수집을 꾸준히 해야 한다. 수집의 원칙은 간단하다. 범위는 넓게, 내용은 정확하게. 그래야 그 안에서 인사이트를 찾을 수 있다. 좋은 인사이트는 언제나 준비된 사람에게만 찾아온다.

처음부터 독보적이려고 하지 마라

보통 사업을 확장할 때는 자사의 역량을 최대한 활용할 수 있는 '인접 영역'으로 나간다.

하지만 상황에 따라 낯선 영역에 도전해야 할 때도 있다. 기존 사업이 위기를 맞았거나, 정말 매력적인 기회를 발견했을 때처럼 말이다. 단, 이때 각오를 해야 한다.

익숙하지 않은 영역에서는 기존 역량이 잘 통하지 않는다. 따라서 시간과 비용을 들여서라도 새 역량을 확보해야 한다. 이때 내부 역량 강화는 물론, M&A 같은 외부 투자도 적극 고려하는 편이 좋다.

낯선 영역에 진출하면 자사의 경쟁력이 약할 수밖에 없다. 그 영역에서 필요한 역량이 부족하기 때문이다. 그래서 '역량 확보' 단계와 '사업 확장' 단계를 분리해서 접근해야 한다.

초기에는 확장을 목표로 하기보다 리스크를 최소화하며 배우는 시기로 생각하는 편이 좋다. 이 시기에는 실전 경험이 중요하다. 상품을 팔아 실무 경험을 쌓고 시장 반응을 보며 배워야 한다.

처음부터 차별화된 상품을 만들려고 애쓸 필요는 없다. 역량도, 정보도 부족한 상태에서는 '자사만의 색깔'이 자연스럽게 드러나기 어렵다.

처음에는 소소한 특징의 제품이라도 괜찮다. 중요한 것은 시장에서 직접 부딪히며 배우는 경험이다. 직접 뛰어보지 않으면 필요한 역량을 갖추기 어렵고, 전략을 세울 때 필요한 정보도 얻기 어렵다.

오래 살아남으려면 구조를 보라

성공한 사장들은 자사의 역량을 발휘할 수 있는 영역에 연이어 진출한다. 이때 시장에서 오래 살아남으려면 구조적인 요인을 함께 봐야 한다. 자사가 아무리 뛰어난 역량을 갖췄어도 시장 구조가 뒷받침되지 않으면 버티기 힘들다. 특히 시장 규모가 충분히 커질 수 있는지, 새로운 진입 기회를 만들 구조적 변화가 일어나는지를 반드시 살펴야 한다. 시장의 구조 변화는 그 자체로 기회가 된다.

기존 강자들이 놓치는 틈, 그것이 기회다

대부분의 기업은 한 번쯤 독점을 꿈꾼다. 당연히 점유율은 높을수록 좋고, 경쟁자는 적을수록 유리하다. 그런데 왜 새로운 기업들이 여전히 시장에 진입할 수 있을까?

오랫동안 한 영역을 지킨 기업은 분명 강점이 있다. 고객의 요구를 깊이 이해하고, 자본과 노하우도 충분하다. 하지만 동시에 치명적인 한계가 있다.

수요는 끊임없이 바뀐다. 기존의 기업이 새로운 기업에 고객을 뺏기지 않으려면 그 변화에 맞춰 전략을 계속 바꿔야 한다. 문제는 조직의 피로도다. 직원들은 계속되는 변화에 지치고, 결국 회사를 떠나게 된다. 그 결과 기존 기업은 점점 고객과 멀어진다.

이런 상태에서 기존 기업이 시장 변화에 적응하려면 새로운 인재를 채용하고, 평가 체계와 조직 문화도 바꿔야 한다. 하지만 현실적으로 매번 바꾸기는 어렵다.

바로 이 틈이 기회다. 시장 구조가 흔들릴 때, 민첩한 사업가는 빠르게 틈을 파고든다. 구조적 변화는 늘 혼란을 동반하지만, 그 혼란 속에서 기회가 생긴다. 잘되는 사장은 이 타이밍을 절대 놓치지 않는다.

성공한 사장의 수첩에만 쓰여 있는 신사업의 성공 공식

새로운 영역으로 확장할 때 M&A나 소수 지분 투자도 전략으로 고려할 수 있다. 이 방법들은 시간을 아끼고 불확실성도 줄여준다. 특히 소수 지분 투자는 경영권을 확보하지 않더라도, 폭넓은 정보와 실전 경험을 얻는 도구로 활용하기 좋다.

새로운 사업을 만들 때 핵심 단계는 세 가지다. 바로 '사업 영역 선정', '인사이트 발견', '사업 시작'이다. 신사업의 성공은 다양한 변수에 의해 결정된다. 하지만 이 세 단계를 정확히 이해하고 전략적으로 접근한다면 성공 확률은 확실히 높아진다.

이제 본격적으로 사업 영역을 어떻게 좁혀나가야 하는지부터 살펴보자.

1장

지나치기 쉬운 순간도 사장의 수첩에선 특별해진다

"도대체 신사업을 어디서부터 시작해야 하죠?" 신사업을 담당하는 실무자들이 가장 자주 묻는 질문이다. 잘되는 회사 사장들의 수첩에는 공통적으로 네 가지 기준이 쓰여 있다.

- 돈을 잘 버는 선행자의 정보
- 스스로 열정을 가질 수 있는 분야
- 업계나 사회의 구조적인 변화
- 일하면서 얻은 인사이트

이 장에서는 성공한 사업가들이 어떻게 사업 영역을 선택했는지 실제 사례와 함께 살펴보자.

성공한 사장들은 도대체
어떤 기회를 본 걸까?

자본도, 경험도 없던 학생이 어떻게 엔지니어 매칭 시장을 뚫었을까? (투스톤&선스의 다카하라 가쓰야)

투스톤&선스는 프리랜서 엔지니어 매칭 사업을 하는 기업으로, 2024년 기준 등록자 수가 4만 명을 넘어섰다.

이 사업을 시작한 다카하라는 창업 당시 학생 신분이라 자본이 부족했다. 그러다 보니 뛰어들 수 있는 사업 영역은 미디어, 인재, 외주 개발처럼 비교적 진입 장벽이 낮은 분야로 한정됐다. 그런데도 '엔지니어의 가치를 높이고 싶다'는 강한 의지로 창업을 결심했다.

초기에는 외주 개발로 사업 자금을 마련할 생각이었다. 그런데 외주 개발을 늘리려면 엔지니어 채용과 영업이 동시에 잘 돌아가야 했다. 하지만 둘 사이에 균형을 맞추기 쉽지 않았고 성장 속도는 더뎠다.

그러던 중 다카하라는 '프리랜서 엔지니어 매칭 사업'의 성장 가능성을 빠르게 눈치챘다. 게다가 이 분야는 자사의 마케팅 역량을 활용할 수 있었다. 그래서 그는 확신을 갖고 시장에 뛰어들었다.

자동차 산업, 마케팅 기업의 눈에 들어오다 (나일의 다카하시 히쇼)

나일은 마케팅 사업에 집중하다 자동차 리스 사업에 뛰어든 기업이다. 이 사업을 이끈 다카하시는 새로운 사업을 찾을 때 두 가지 기준을 세웠다. 첫 번째, 자사의 마케팅 역량으로 승산이 있어야 한다. 두 번째, 경쟁사가 아직 주목하지 않은 거대한 산업이어야 한다.

이 기준을 만족하는 영역을 찾던 그는 '자동차'에 주목했다. 특히 자동차 구매자의 매장 방문 횟수가 급격히 줄고 있다는 사실에 집중했다. 이는 소비자들이 인터넷으로 정보를 미리 조사하고, 구매 결정을 내린 뒤에야 매장을 찾는다는 의미였다. 다카하시는 자사의 마케팅 전략으로 충분히 승산이 있다고 판단해 이 시장에 도전했다.

취미로 시작한 SNS가 의류 브랜드로 거듭나기까지
(유토리의 가타이시 다카노리)

가타이시는 15세 때부터 빈티지 패션에 푹 빠져 있었다. 그는 자신의 관심사를 살려 인스타그램을 시작했고, 계정은 빠르게 성장했다.

그는 SNS를 운영하면서 대형 브랜드가 쉽게 시도하지 못하는 시장에서 차별화의 가능성을 발견했다. 이는 곧 의류 브랜드의 출발점이 되었다. 무엇보다 고객과 직접 소통하며 얻은 인사이트는 강력한 경쟁력이 되었고, 이를 토대로 자신만의 브랜드를 만들었다.

몰입의 힘을 찾아 시작한 영어 사업 (프로그릿의 오카다 쇼고)

'나는 어떤 일에 오랫동안 몰입할 수 있을까?' 창업을 준비하던 오카다가 스스로에게 물은 질문이다. 그가 찾은 답은 '영어'였다.

그는 직접 여러 영어 학습 서비스를 사용하며 불편했던 점을 정리했고, 그 과정에서 인사이트를 쉽게 얻었다. 그리고 이를 바탕으로 '개인 맞춤형 영어 학습'이라는 콘셉트를 세워 곧장 서비스를 출시했다.

익숙한 공간에서 돈 되는 사업을 찾다 (스페이스마켓의 시게마쓰 다이스케)

'대규모 계약을 소규모로 나눠 팔면 수익이 좋지 않을까?' 시게마쓰는 새로운 사업을 준비하며 이 부분에 주목했다.

2014년 창업 당시에는 중고거래 플랫폼 같은 기술 기반의 매칭 사업이 호황이었다. 이런 흐름은 그의 사업 구상에 영향을 미쳤다. 백여 개에 달하는 아이디어를 검토한 끝에, 그는 '공간 대여 매칭 플랫폼'의 성공 가능성을 가장 높게 판단했다.

앞에서 언급했듯이 사업 영역을 선정할 때 영향을 미치는 네 가지 요소가 있다.

☐ 돈을 잘 버는 선행자의 정보

☐ 열정을 가질 수 있는 분야

☐ 구조적인 변화

☐ 일하면서 얻은 인사이트

대부분은 이 가운데 하나를 계기로 어떤 사업에 주목한다. 그러고 난 뒤 다른 요소들을 추가로 파악한다. 흥미로운 점은 때로 네 가지 요소가 복합적으로 작용한다는 것이다. 방금 소개한 사업가들 역시 마찬가지다.

또 하나 눈여겨볼 점이 있다. 성공한 사장들은 조사 단계에서 이미 '이렇게 하면 가능성이 있지 않을까?'라는 초기 인사이트를 가졌다는 점이다. 심지어 고객이나 선행자에게 직접 정보를 얻지 못했더라도 인사이트는 찾은 상태였다.

사장의 수첩에는 이렇게 쓰여 있었다.

뛰어들 만한 사업은 초기 인사이트가 명확하다.

모두가 주목하는 시장보다, 우리 회사가 잘할 수 있는 시장을 먼저 보라.

돈을 잘 버는 기업을 따라가면 정말 성공할까?

새로운 사업을 시작할 때 가장 실용적이면서 쉬운 방법이 있다. 바로, 돈을 잘 버는 기업을 찾아 비슷한 사업에 접근하는 것이다. 실제로 많은 사업가가 이 전략을 시도한다.

엔지니어 매칭 사업을 하는 투스톤&선스도 이 전략으로 성공을 거두었다. 이 기업은 성공한 기업의 수익 구조와 운영 방식을 꼼꼼히 분석한 뒤, 자사의 역량으로 충분히 따라잡을 수 있다고 판단해 과감하게 그 시장에 뛰어들었다.

'앞으로 성장할 시장은 어디인가?', '그 시장에서 지금 가장 돈을 잘 버는 회사는 어디인가?' 잘되는 회사 사장들은 늘 이 부분에 집중한다.

단, 돈을 잘 버는 기업의 뒤를 졸졸 따라가는 데 만족하지 않는다. 그들은 먼저 확실하게 돈을 잘 버는 회사를 찾는다. 그런 다음 자사만의 강점을 활용해 선행자들을 따라잡고, 끝내 추월한다는 전략을 세운다.

실제로 사업가들과 창업한 이유에 대해 이야기를 나누다 보면 이런 말을 자주 듣는다.

"돈 잘 버는 회사 얘기를 들어보니 '이 정도면 나도 하겠는데?' 싶었어요."

"별거 없더라고요. 저도 충분히 해낼 자신이 있었죠."

돈을 잘 버는 기업은 일종의 모범 답안과 같다. 회사의 역량을 잘 발휘할 영역만 찾는다면 누구든 충분히 성공할 수 있다.

앞서 걸어간 자의 발자국에 기회가 있다

처음부터 서비스를 기획해 판매 가능한 상품을 만드는 데는 막대한 비용과 시간이 든다. 그런데 이 모든 과정을 이미 끝낸 이들이 있다. 바로 그 시장에서 먼저 성공한 사업가들이다. 그래서 잘되는 회사 사장들은 성공한 기업부터 분석한다.

나는 지금까지 참고할 만한 선행자가 전혀 없는 시장을 단 한 번도 본 적이 없다. 선행자는 항상 존재한다. 돈을 잘 버는 선행자는 이미 '정답'을 많이 찾은 상태다. 반대로 전혀 수익을 내지 못한 선행자는 '틀린 답'을 보여준다.

선행자를 분석하지 않고 전략을 짜는 것은 이론만 연구하고 실험하지 않는 것과 같다. 실험 없이 이론의 타당성을 증명할 수 있을까? 그럴 수 없다.

예컨대 자동차 리스 사업을 하는 나일의 다카하시는 과거 게임 미디어 사업에 뛰어들었다가 전략을 수정한 경험이 있다. 그가 시장에 들어섰을 당시에는 소셜게임이 인기를 얻으며 게임 공략 콘텐츠에 집중한 기업들이 상장까지 하고 있었다. 성공한 기업들은 '몬스터 스트라이크'처럼 대중적인 타이틀에 특화된 콘텐츠를 쏟아냈다. 하지만 나일은 차별화에만 집중한 나머지, 고품질 콘텐츠에 주력하며 정작 수요가 폭발하는 영역을 놓쳤다.

다카하시는 그때를 회상하며 이렇게 말했다.

"이미 시장을 선점한 회사의 뒤를 따라가면서, 우리 회사의 강점을 어떻게 살릴지를 고민해야 했습니다."

선행자가 온몸으로 얻어낸 정답을 무시하면 안 된다는 사실을 깨달은 것이다.

또한 '이미 비슷한 사업이 있으니 우리는 들어갈 수 없다'는 생각도 매우 어리석다. 진짜 성공한 사업가들은 이렇게 생각한다.

"저 회사는 돈을 잘 번다. 하지만 이런 부분은 부족하다. 우리가 그 틈을 공략하면 이길 수 있다."

차별화 전략은 '선행자가 하지 않았지만, 고객이 강하게 원하는 것'을 발견해야 가능하다. 하지만 사업 초반엔 고객의 진짜 수요조차 알기 어렵다. 이럴 때는 선행자가 닦아놓은 길을 충실히 따라가며 시장을 익히는 것이 최선이다.

실제로 후발 주자가 선행자를 추월하는 사례는 많다. **구글, 아마존 등 세계적인 기업도 모두 후발 주자였다. 선행자가 반드시 사업의 승자가 되는 것은 아니다.**

무엇보다 후발 주자라면 실험 비용을 부담할 필요가 없다. 오직 효율적인 추격에 집중하면 된다. 그러니 선행자의 존재에 부담을 갖지 말고, 그들에게서 힌트를 얻어라. 아무도 본 적 없는 획기적인 사업이 성공의 필수 조건은 아니다.

선점한다고 해서 무조건 이기진 못한다

기업들의 사업 전략을 살펴보면 종종 '선점 우위'라는 개념이 등장한다. 이는 새로운 제품이나 서비스를 시장에 가장 먼저 출시해 경쟁자보다 유리한 고지를 선점하는 전략이다.

예를 들어, 마이크로소프트는 운영 체제 시장을 선점했고, 대형 외식 프랜차이즈들은 주요 입지를 먼저 확보해 우위를 점했다. 또 신규 취득이 어려운 면허를 먼저 확보하는 경우도 선점 우위에 속한다.

많은 사람이 시장에서 선점하면 무조건 승기를 잡을 수 있다고 생각한다. 하지만 현실은 다르다. 선행 기업이 후발 주자의 추격에 밀려 점유율을 빼앗기는 일도 적지 않다.

M&A 중개 시장을 보자. 일본의 M&A캐피털파트너스나 스트라이크는 2012년 무렵부터 빠르게 성장하며 시장의 주목을 받았다. 그들의 수익률과 주가는 모든 업계 관계자들을 놀라게 했고, 이를 본 많은 기업이 '우리도 해볼 수 있겠다'는 생각으로 시장에 진입했다.

어떤 이들은 이렇게 생각했을 것이다.

'매도자와 매수자 간 네트워크가 중요한 이 시장에 후발 주자가 들

어가는 건 무모하지 않을까?'

하지만 그 예상을 깨고, 성공한 후발 주자들도 적지 않다. 이유는 단순하다. M&A 중개업은 반드시 영업해야 하는 구조이기 때문이다. 다시 말해, 영업 인력의 규모와 역량이 곧 경쟁력인 만큼, 한 기업이 이 시장을 독점하기 어렵다는 뜻이다.

이러한 구조는 컨설팅 시장도 마찬가지다. 인력 기반 산업의 특성상 시장 점유율이 자연스럽게 분산된다. 게다가 선행 기업들은 수익성이 높은 안건, 예컨대 전담 계약이나 리테이너 피(계약 성사 여부와 관계없이 매월 지급되는 보수)가 보장되는 건에 집중할 수밖에 없다.

문제는 이런 보수 구조가 '효율성'을 기준으로 영업 전략을 짜게 만든다는 점이다. 즉, 성사 가능성이 낮거나 수익성이 떨어지는 안건은 외면받는다. 이 점이 바로 후발 주자에게 기회의 문을 열어준다.

상대적으로 효율이 떨어지는 안건이라도 성과를 낼 자신이 있다면, 그걸 발판 삼아 시장에 들어설 수 있다.

실제로 투스톤&선스는 이러한 '선행 기업이 외면한 안건'에 집중하는 전략으로 M&A 시장에 뛰어들었다. 이후 'M&A승계기구'를 설립하며 틈새를 공략했고, 핵심 인재 확보를 통해 필요한 역량도 갖췄다.

선점한 기업이 반드시 승리를 거머쥐는 것은 아니다. 어디서 기회가 열릴지 보는 눈, 그것이 후발 주자에게 필요한 무기다.

물량전은 업계를 차지하는 확실한 방법

선점이 성공의 필수 조건은 아니다. 그렇지만 선점하기 위해 싸워야 하는 시장도 있다. 때로는 그 싸움이 물량을 쏟아부어 경쟁자를 압도하는 전면전으로 이어지기도 한다.

중고 거래 앱 시장이 대표적이다. 이 시장은 하나의 기업이 모든 고객을 독점하기 좋은 환경이다. 그렇기에 '다른 기업과 점유율을 나눠 갖자'라며 여유를 부릴 수 없다.

승자의 자리를 차지하기 위해선 전력을 다해 싸워야 한다. 비즈니스 모델과 UI가 비슷하다면 결국 경쟁은 물량전으로 들어선다. 더 많은 자금과 인력을 모으고, 더 빠르게 조직화하는 것이 곧 승부를 결정짓는다.

특히 시장 규모가 크고, 독점 가능성이 높은 영역이라면 물량전은 피할 수 없다. 실제로 일본의 한 중고 거래 기업의 이사는 인터뷰에서 이렇게 말했다.

"자금과 인력을 얼마나 투입해 승리할 것인가, 그것이 성공의 핵심입니다."

이처럼 플랫폼 기반 사업은 물량전에서 이긴 쪽이 독점적 지위를 차지한다. 한 번 승자가 정해지면 후발 주자는 좀처럼 따라잡을 수 없다.

결제 플랫폼 '페이페이 PayPay'도 물량전 승부로 시장을 장악한 사례다. 당시 소프트뱅크의 미야우치 켄 회장은 많은 경쟁사를 어떻게 이길 계획이냐는 질문에 이렇게 답했다.

"간단합니다. 돈을 쏟아부으면 됩니다."

물량전으로 정면 승부를 감수하겠다는 의지가 느껴지는 인상적인 답변이다. 선점이 중요한 시장에서 차별화, 특허, 시너지 같은 말로 현실을 회피하면 결국 안일한 전략을 세우게 된다.

사업은 결국 싸움이다. 정면 승부할 각오 없이 이길 수 있는 전략은 존재하지 않는다. **정면 승부를 피하고 싶다면 선택지는 단 하나뿐이다. 아주 작고 경쟁이 덜한 시장으로 들어가라.**

우버Uber 같은 모빌리티 플랫폼도 전 세계에서 물량전으로 치열하게 싸웠다. 애초에 대규모 투자를 감당할 여력이 없다면, 물량전이 벌어지는 시장에 들어가면 안 된다.

사장의 수첩에는 이렇게 쓰여 있었다.

돈을 잘 버는 사업에서 힌트를 얻어라. 성공한 선행자는 이미 시장 검증을 끝냈다.

선점이 항상 승리를 가져다주지는 않는다.

열정으로 시작하되,
끝까지 살아남아라

열정으로 창업하는 것은 언뜻 보기에 매력적으로 보인다. 그러나 어설픈 열정으로는 시장에서 살아남을 수 없다. 의류 기업 유토리를 세운 가타이시는 15세 때부터 빈티지 패션을 좋아했다. 그리고 그 관심과 열정은 자연스럽게 의류 사업으로 이어졌다.

하지만 이 이야기를 단순히 '좋아하는 일을 사업으로 하면 성공한다'라는 식으로 받아들이면 곤란하다. 열정은 사업의 출발점이 될 수 있지만, 성공의 전제 조건이 될 수는 없다.

'좋아하는 일'과 '사업'은 다르다

종종 "좋아하는 일로 사업을 하고 싶어요. 어떻게 시작하면 될까요?"라는 질문을 받는다. 그때마다 나는 되묻는다. "고객과 경쟁자는 살펴보셨나요?"라고 말이다.

좋아하는 일로 사업을 하려면 두 질문에 답할 수 있어야 한다.

□ 내가 팔려는 상품을 고객이 살까?
□ 나는 이 분야를 좋아하는 다른 사람들보다 더 오랫동안, 더 열정적으로 몰입해 뛰어난 성과를 낼 자신이 있나?

만약 이 질문에 답할 수 없다면, 그 사업은 아직 검토할 단계조차 아니다.

나 역시 좋아하는 취미가 많다. 하지만 섣불리 사업으로 접근하지 않는다. 특히 경쟁이 과열된 시장이라면 지켜볼 뿐이다. 그저 좋아서 하는 일은 명확히 '취미'로 두는 편이 낫다.

또한 그 시장의 선행자들을 살펴봐야 한다. 만약 그들이 비영리 단체나 건물주처럼 수익을 크게 신경쓰지 않는다면, 그 시장의 수익성은 낮을 가능성이 높다. 이러한 수익성의 한계를 '좋아하는 일이니까 괜찮다'는 마음으로 극복하기란 쉽지 않다.

진짜 좋아하는 것을 사업으로 만들고 싶다면 방향을 조금 바꿔야 한다. '남들에게는 재미없어 보이지만, 내게는 흥미로운 분야'여야 좋은 기회가 된다.

내 경험상, 고객지원 BPO$^{Business\ Process\ Outsourcing}$ 분야가 그랬다. 누가 고객지원 업무를 취미로 하겠는가. 하지만 나는 고객 문제를 해결하는 과정이 무척 흥미로웠다. 게다가 시장도 충분히 크고, 구조도 안정적이어서 사업을 할 수 있었다.

열정은 오래 살아남게 해줄 강력한 무기다

열정은 시장에서 오래 버티게 만드는 무기다. 특히 영어 교육처럼 '콘텐츠형 사업'에서는 작은 요소 하나에도 끝없이 열정을 쏟을 수 있는지가 성공을 좌우한다. 콘텐츠형 사업이란 브랜드나 상품의 고유한 콘텐츠가 핵심 경쟁력이 되는 사업을 말한다. 대표적으로 패션, 게임, 음악, 이벤트 사업 등이 여기에 해당된다.

실제로 한 사업가는 과거에 철수한 사업에 대해 "브랜드 프로듀서가 세세한 부분까지 신경 쓰지 못했기 때문"이라고 말하기도 했다.

이처럼 콘텐츠형 사업에서는 열정이 부족하면 차별화된 경쟁자에게 밀릴 수밖에 없다. 이러한 경향은 학원, 패션, 이벤트 사업처럼 고객 경험이 곧 사업의 성패를 좌우하는 분야일수록 더욱 두드러진다.

사업이라는 마라톤을 끝까지 달릴 수 있는가

만약 큰 열정 없이 성장 가능성만 보고 사업을 시작하면 어떻게 될까? 한 사업가는 고령자 대상 여행 사업을 시작했다. '고령 인구가 늘어나니 사업성이 있다고 판단해 고령자 특화 버스 투어에 뛰어든 것이었다. 다행히 초기에는 전단지로 고객을 유치하며 어느 정도 매출을 올렸다. 하지만 얼마 못 가 그는 사업을 철수했다.

고령자 여행 사업은 단기간에 수익을 내기 어려운 구조다. 고객층을 형성하는 데 시간이 걸리고, 일정 수준의 신뢰가 쌓이지 않는 한 매출로 이어지기 힘들기 때문이다.

이처럼 '시간이 쌓여야 결과가 나오는 사업'일수록 열정이 필요하다. 그래서 고령자 여행 사업에 뛰어든 사업가는 스스로에게 이렇게 물었다. "나는 과연 이 사업에 열정을 오래 쏟을 수 있을까?" 그의 답은 "No"였고 사업을 철수할 수밖에 없었다.

안정적인 수요가 있는 사업은 시간이 지날수록 자연스럽게 자리를 잡기 쉽다. 단, 오랜 시간 동안 열정을 잃지 않고 달렸을 때만 가능하다.

'히트 앤드 어웨이' 전략, 정말 수익이 좋을까?

때로 돈을 잘 벌 수 있다는 이유 하나로 사업을 시작하기도 한다. 만약 그 이유로 사업을 시작해 초기에 수익이 난다면, 지금 가진 역량만으로도 어느 정도 운영이 가능하다는 의미이다.

실제로 이런 사례는 드물지 않다. 대표적으로 2023~2024년 일본에서 온라인 학원 사업이 유망하다는 소문이 돌자, 뛰어난 광고 운영자와 강사가 손잡고 시장에 진입한 경우도 꽤 많았다. 사업 아이템도 타로나 사주 같은 점술 분야부터 직무 교육 강의까지 다양했다.

심지어 "돈이 된다더라"라는 소문만 믿고 창업해 불과 3개월 만에 월 매출 1천만 엔을 달성한 사례도 적지 않다. 특히 고가의 서비스나 광고 기반 상품을 다루는 분야에서는 이런 일이 종종 일어난다. 하지만 진입 장벽이 낮은 시장일수록 그만큼 경쟁도 치열하다. 결국 장기적으로 안정적인 수익을 내기 어렵다.

그러다 보니 많은 사업가가 단기 수익에 집중하고, 수익이 줄면 곧바로 철수하는 '히트 앤드 어웨이 hit and away' 전략을 반복한다. 그러나 이 전략으로는 수익 규모에 한계가 생긴다. 실제로 직무 교육 중심의 대형 온라인 학원 중에는 최대 매출이 약 25억 엔에 달한 사례도 있지만, 대부분의 경우 연간 수익이 수억 엔 수준에 머문다.

단기간에 돈을 벌 수 있는 사업은 분명 매력적이다. 하지만 오랜 시간 높은 수익을 내고 싶다면 결국 '강한 열정'이 필요하다. 쉽게 진입할 수 있는 시장일수록 끝까지 살아남기 힘들기 때문이다.

열정은 신흥 시장에서 가장 먼저 작동한다

신흥 시장에서는 확실한 경쟁력을 가진 기업이 드물다. 그래서 사업가의 열정이 매우 중요하다.

실제로 스마트폰 게임 기업 아카츠키는 특별한 기술이나 자원을 갖추지 못한 상태에서 열정을 토대로 큰 성장을 이뤘다. 공동 창업자 시오타 겐키는 게임 회사 출신이지만 광고 영업자였기에 게임 개발 경험이 없었다. 또 다른 창업자인 코다 데쓰로는 엑센츄어 Accenture 에서 일하던 엔지니어로 게임과는 거리가 멀었다.

그런데도 그들은 스마트폰 게임 시장이 막 떠오르던 시점에 과감히 진입했다. 경쟁이 치열하지 않았던 시기에 불확실성을 감수하고 진입한 뒤 열정을 원동력 삼아 빠르게 역량을 쌓은 것이다. 그들의 뜨거운 열정과 끈기가 사업 성장의 핵심 동력이 되었다.

에어비앤비 역시 '실행력'과 '열정'이라는 두 가지 요소가 맞물려 성공한 사례다. 숙박의 새로운 기준을 만든 이 기업의 창업자들은 이 시장의 전문가는 아니었다. 하지만 이들은 새로운 시장을 찾아 누구보다 빠르게 자리 잡았다.

신흥 시장은 예측하거나 전략적으로 접근하기 어려운 경우가 많다. 그렇기에 신흥 시장에서 빠르게 성장하고 싶다면 열정을 쏟고 역량을 쌓는 것이 중요하다. 그 열정이 결국 가장 강력한 무기가 될 것이다.

열정을 가진 사람은 나뿐만이 아니다

하지만 이미 안정된 시장에 들어갈 때는 이야기가 달라진다.

예를 들어, 지금 아마추어 사업가가 스마트폰 게임 시장에 열정만을 무기로 뛰어든다면 어떻게 될까? 어쩌면 하이퍼 캐주얼 게임처럼 누구나 쉽게 즐길 수 있는 장르에서는 어느 정도 성공을 거둘 수 있을지 모른다. 그러나 시장이 성숙한 만큼 과거 초기 시장에서 가능했던 '대박'을 치기란 거의 불가능에 가깝다.

열정은 분명 중요한 자질이다. 하지만 그것만으로는 성공을 보장할 수 없다. 확실한 전략 없이 열정만 믿고 창업한 기업들 가운데 많은 곳이 결국 사업을 철수했다. 시장이 커질수록 경쟁은 더 치열해지고, 뛰어난 역량과 열정을 갖춘 사람들이 더 많이 몰려든다. 그런 시장에서 열정 하나로 살아남기는 어렵다.

반드시 기억하라. 열정을 가진 사람은 나뿐만이 아니다.

사장의 수첩에는 이렇게 쓰여 있었다.

열정만으로 성공을 보장할 수는 없다. 하지만 열정 없이 오래 살아남을 수도 없다.

성공한 사장들은
틈을 놓치지 않는다

자동차 리스 서비스 사업으로 성공한 나일의 다카하시는 이 분야에 뛰어들 당시 자동차도 소유하고 있지 않았고, 돈을 잘 버는 선행자에 대한 정보도 없었다. 심지어 주력 사업은 마케팅 분야였다. 그런 그가 자동차 리스 사업을 시작할 수 있었던 이유는 무엇일까?

기회는 시장 구조 속에 숨어 있다

다카하시가 새로운 사업 영역을 모색할 때 가장 중요하게 생각한 것이 있다. 바로 다른 마케팅 기업들이 아직 진출하지 않은, 그러나 성장 가능성이 큰 시장을 선점하는 것이었다.

당시는 한국의 '직방', '다방'처럼 온라인 플랫폼 기반의 부동산 서비스가 주목받던 때였다. 자동차 분야에 주목한 기업은 거의 없었다.

그런데 시장 조사를 해보니 소비자들의 자동차 구매 방식에 뚜렷한 변화가 나타나고 있었다. 예전처럼 매장에 직접 가서 상담받기보다, 온라인에서 정보를 충분히 검토하고 실제 계약 시점에만 딜러를 찾는 소비자가 점점 늘고 있었던 것이다.

다카하시는 이 변화를 놓치지 않았다. 그는 자동차 시장의 구조적인 변화가 시작되고 있음을 감지했고, 그 안에 새로운 기회가 숨어 있다고 판단했다.

변화의 순간을 놓치지 마라

여기서 특히 주목해야 할 부분은 '구조적 변화'다. 아무리 거대한 시장을 발견했다고 해도, 그 시장에 진입할 틈이 없다면 의미 없다. 변화가 있어야 진입할 틈이 생긴다.

진입의 기회는 고객의 요구와 기존 기업이 제공하는 서비스 사이에 차이가 생길 때 만들어진다. 방금 말한 사례가 대표적이다.

당시 고객들은 '온라인으로 모든 절차를 끝낼 수 있는 자동차 리스 서비스'를 원하고 있었지만, 이를 제대로 제공하는 기업은 거의 없었다. 게다가 자동차 업계의 주된 공급자는 금융회사나 자동차 제조사였고, 이들은 마케팅 역량이 부족했다.

물론 기존 기업들도 수요를 인식하고 있었을 가능성이 높다. 하지만 수요를 안다고 해서 그에 맞춰 곧바로 움직일 수 있는 것은 아니다. 수요의 변화 속도가 기업의 움직임보다 훨씬 빠르기 때문이다.

예를 들어, 마케팅 전담 부서를 내부에 새롭게 만들고, 경쟁력을 확보하기까지는 수년이 걸릴 수도 있다. 게다가 이처럼 과감한 결정을 내릴 수 있는 조직은 생각보다 많지 않다.

특히 대기업일수록 조직은 경직돼 있고, 해마다 인사나 구조를 유연하게 바꾸기란 현실적으로 어렵다. 바로 이 틈이 새로운 사업가에게 기회를 준다.

집중 공략으로 주력 시장까지 침투하라

틈을 발견하고 과감하게 진입하면 기존 강자들의 주력 사업까지 위협할 수 있다.

실제로 의류 기업 유토리는 창업 초기 인스타그램을 활용한 전자상거래에 집중했지만, 현재는 오프라인 매장까지 운영하며 더 큰 시장으로 사업을 확장했다. 온라인 기반 브랜드에 머물지 않고, 오프라인 의류 판매라는 전통 강자들의 영역까지 진입한 것이다.

이처럼 신규 진입자의 기본 전략은 선행 기업이 아직 뛰어들지 못한 수요를 먼저 집중 공략하는 것이다. 그렇게 경쟁력을 쌓은 뒤, 기존 기업들의 주력 시장까지 침투하면 충분히 승산이 있다.

사장의 수첩에는 이렇게 쓰여 있었다.

수요는 빠르게 변한다. 하지만 대기업의 조직은 천천히 움직인다. 이때 생기는 틈을 노려라.

일하다 적은 한 줄을
훗날 사업 아이템으로

이미 회사에서 안정적으로 사업을 운영 중이라면 그 사업에서 얻은 인사이트를 바탕으로 새로운 영역에 진출하는 것이 효율적이다. 실제로 일하다 발견한 인사이트로 사업을 시작하는 사례도 많다.

일하며 얻은 인사이트로 새롭게 시작하라

일본의 온라인 인쇄 서비스 기업 라쿠스루Raksul의 창업자 마쓰모토 야스카네는 컨설턴트로 일하던 중, 인쇄비를 획기적으로 절감할 수 있다는 사실을 알고 인쇄 사업을 시작했다.

일하며 얻은 인사이트를 수첩 한쪽에 적어두었다가 사업으로 발전시킨 셈이다. 성공한 사장들을 살펴보면 특정 시장에 무턱대고 뛰어들기보다 인사이트를 발견한 뒤 해당 시장의 구조와 성장 가능성을 거시적으로 파악하는 경우가 많다.

이 책에서는 먼저 공략할 시장을 찾아보지만, 반드시 이 순서대로 할 필요는 없다. 인사이트를 먼저 발견하고 나서 시장을 선택해도 괜찮다. 문제는 방향이 아니라 실행력이다.

단, 아무런 인사이트 없이 사장이 일방적으로 특정 영역을 정한다고 해서(하향식) 실무자가 의미 있는 인사이트를 찾을 수 있는 것은 아니다. 반대로, 실무자가 인사이트를 발견했더라도(상향식) 그것만으로 사장을 설득하긴 어렵다.

상향식 접근만으로 사업을 정하면 직원들이 개인적인 관심사나 취향에 따라 전략을 수립하려는 경향을 보이기도 한다. 특히 '사내 신사업 공모전'과 같은 방식에서는 이런 문제가 더욱 뚜렷하게 드러난다. 심지어 때로는 사장이 관심 없는 분야로 진출할 때도 있다.

성공한 사장들은 먼저 직원들에게 진출하고 싶은 여러 시장을 제시한다. 그리고 그중에서 실제로 직원들이 인사이트를 찾은 영역에 집중해 사업을 추진한다. 만약 사장이 진출하고 싶은 시장을 말해주지 않았다면, **사장의 관심사가 무엇일지 고민해보라.**

넓은 시야로 시장을 분석하라

놀랍게도, 시장을 제대로 분석하지 않았는데도 성공한 사례들이 간혹 있다. 하지만 시장 환경을 거시적으로 파악하는 과정은 매우 중요하다. 적절한 전략을 세우는 데 큰 도움이 되기 때문이다.

가끔 "고객과 대화하다 우연히 인사이트를 얻었고, 조사도 없이 제품을 만들었는데 대박이 났다"라는 식의 무용담을 듣곤 한다. 이는 언뜻 특별한 인사이트로 보이지만, 실제로는 과장된 경우가 많다.

실무에서 얻은 인사이트를 기반으로 사업을 시작하는 방식은 꽤 합리적이다. 실무에 직접 관여하지 않은 경쟁사는 인사이트를 얻기 어려워 진입 장벽이 높아지고, 결과적으로 경쟁 강도도 낮아지기 때문이다.

반면, 누구나 쉽게 떠올릴 수 있는 사업은 경쟁자가 이미 많을 가능성이 크다. 시장의 관심이 높은 만큼 유사 제품도 쏟아질 수밖에 없다.

이때 경쟁사의 상품이 단순한 '카피캣 수준'에 머무르지 않고, 조금씩 차별화될 경우 주의해야 한다. 그들이 새로운 인사이트를 발견하고 경쟁력을 확보한다면, 훗날 강력한 경쟁자로 성장할 수 있다.

사장의 수첩에는 이렇게 쓰여 있었다.
일하다 느낀 불편함이나 고객의 말 한마디가 사업 아이디어의 시작점이 될 수 있다. 그러니 일하며 얻은 통찰을 일단 수첩에 적어라.

2장

성공한 사장의 수첩에는 어떤 무기가 있는가

우리 회사의 역량과 거리가 먼 영역에 진출하려면, 신규 인재 채용이나 시스템 구축 등 추가 투자가 반드시 필요하다.

그래서 성공한 사장들의 수첩에는 현재 갖춘 역량과 필요한 역량 사이의 차이가 정확히 쓰여 있다. 이 부분을 놓치면 엉뚱한 사업에 힘만 쏟다가 실패하기 쉽다.

실제로 이런 실패 사례는 흔하다. SaaS(서비스형 소프트웨어), 데이터 비즈니스, D2C와 같은 영역은 유행한다는 이유만으로 수많은 기업이 무분별하게 뛰어들었지만, 대부분 실패했다.

이유는 단순하다. 시장성만 보고 뛰어드느라 정작 그 시장을 운영하는 데 필요한 역량이 무엇인지 제대로 파악하지 못했기 때문이다. 필요한 역량을 파악하지 않은 도전은 그 자체로 리스크다.

지금 가진 무기로
얼마나 키울 수 있을까?

이제부터는 성공한 사업가들의 역량 활용법을 살펴보자.

인접 시장으로 사업 영역을 넓힌 의류 기업

의류 기업 유토리는 다음과 같은 역량을 지녔다.

- ☐ 기획: 뛰어난 감각의 직원들이 상품 콘셉트를 기획하는 능력
- ☐ 제조: 우수한 품질의 상품을 적정한 비용에 맞춰 안정적으로 생산하는 능력
- ☐ 마케팅: 인스타그램 및 인플루언서 등을 활용해 고객 반응을 효과적으로 끌어내는 능력
- ☐ 판매: 오프라인 매장을 활용한 판매 능력
- ☐ 경영 관리: 브랜드를 만들 수 있는 인재를 채용하고 높은 열정을 유지하게끔 팀을 이끄는 조직 운영 능력

이러한 역량을 활용한다면 인접 영역으로 확장할 수 있다. 물론 새로운 영역으로 확장할 경우, OEM(주문자의 상표를 부착하여 상품을 생산하는 방식) 업체나 마케팅 채널이 달라 똑같은 방식으로 운영하기 어려울 것이다. 그렇더라도 그동안 쌓은 역량 덕분에 유리하다.

실제로 이 의류 기업은 2024년에 화장품 사업 진출을 발표했다. 의류 사업에서 쌓은 역량을 화장품 사업에서도 발휘할 수 있다고 판단한 것이다. 또한 직원들 역시 화장품 영역 진출에 대한 강한 열정을 품고 있었다.

특별한 이유가 없다면 이처럼 회사의 역량을 충분히 활용할 수 있는 인접 영역으로 확장하는 것이 기본이다. 물론 인접 영역이라고 해도 새로운 역량은 차근차근 키워야 한다. 화장품과 의류는 기획, 제조, 마케팅 측면에서 크게 다르다. 이 차이를 신중하게 고려해야 하며, 기존의 역량으로 쉽게 성공할 수 있다고 안일하게 판단하면 안 된다.

사업 전환에 성공한 후지필름과 바이트댄스

'절박한 위기감'은 새로운 역량을 빠르게 키워준다. 대표적인 사례가 후지필름이다. 이 기업은 주력 사업이었던 필름 산업이 급격히 쇠퇴하자, 대규모 M&A와 과감한 투자를 통해 헬스케어 사업을 성장시켰다.

바이트댄스도 사업 전환에 성공한 대표 기업이다. 바이트댄스는 원래 뉴스 앱을 운영하던 기업이었다. 하지만 숏폼 시장의 성장 가능성을 발견한 뒤, 2016년 중국 내수 시장용 숏폼 영상 앱 '더우인'을 개발했다. 이어 2017년에는 미국에서 인기를 끌던 숏폼 앱 '뮤지컬리'를 인수했으며, 2018년에 글로벌 브랜드 '틱톡'을 론칭했다.

이 과정에서 바이트댄스는 광고 기반 앱 운영 경험, 그리고 광고주 및 대행사와의 탄탄한 네트워크 역량을 십분 활용했다. 결과적으로 바이트댄스는 기술과 자본을 모두 쏟아부으며, 후발 주자임에도 불구하고 숏폼 영상 시장에서 세계적인 선두 주자로 도약했다.

잘하는 것에서 시작해 시장을 넓혀라

새로운 역량을 키우는 데는 시간과 비용이 든다. 동시에 실패할 가능성도 따른다. 그래서 안정적인 성장을 원한다면 잘하는 영역에서 사업을 시작하는 것이 좋다.

기업이든 사람이든 모든 역량을 갖추기란 불가능하다. '모든 분야에 강한 회사'는 유니콘과 같다. 실제로 그런 콘셉트를 내세우는 기업들도 대부분 일정 영역에서만 사업을 하고 있다.

하지만 이미 갖춘 역량에만 의지하다 보면 시장 환경이 변할 때 경쟁력을 잃기 쉽다. 이를 피하려면 자신 있는 분야에서 시작해 꾸준히 역량을 키워야 한다.

리스크를 완전히 없앨 수는 없다. 그러니 어느 정도 위험을 감수하겠다는 자세로 새로운 고객을 공략하고, 신상품을 출시하며, 사업 영역을 넓혀가야 한다.

역량을 활용할 수 있는 인접 영역

'인접 영역'이란 지금 갖춘 역량을 그대로 활용할 수 있는 새 영역을 말한다. 그래서 잘되는 회사 사장들은 늘 인접 영역을 주시한다. 단, 겉보기에는 비슷해 보여도 기존 역량이 전혀 통하지 않는다면 인접 영역이 아니다.

이때 전략은 자사의 강점이 무엇이냐에 따라 달라진다.

- 판매 중심 역량: 영업과 마케팅에 강한 회사는 기존 고객층에 맞춘 일반 상품부터 판매하면서 시장에 진입할 수 있다. 처음에는 판매 대행처럼 시작했다가, 점차 자체 브랜드로 상품을 기획 및 제조하면서 경쟁력을 키우는 방식이다.
- 개발 중심 역량: 기획, 제조, 서비스 설계에 강하다면 기존 상품을 새로운 고객층에 맞게 바꿔 판매하면 된다. 처음엔 유통사나 대리점을 활용해 시장에 진입하고, 점차 자체 판매 채널을 갖추는 전략이 효과적이다.

이처럼 인접 영역은 한 번에 승부수를 던지기보다 단계적으로 진입해야 한다. 빠르게 성공하면 좋지만, 실패했을 때 리스크도 커지기 때문이다.

인접 영역이어도 아무런 기반도 없이 뛰어들면 전략이 전혀 통하지 않을 수 있다. 고객 기반을 활용한 확장 전략도 마찬가지다. 기존 고객에게 새로운 제품을 판매하면 당연히 잘될 것 같지만, 실제로는 그렇지 않다.

예를 들어, 의류 기업이 기존 고객에게만 화장품을 판다면 성장하는 데 한계가 있다. 새로운 영역에는 그에 맞는 마케팅 전략이 필요하기 때문이다. 기존 고객층만 믿다가는 사업을 접기 쉽다.

따라서 기존 역량을 바탕으로 하되, 일부 새로운 역량을 더해 확장할 수 있는 영역을 찾아야 한다. 그래야 리스크를 줄이면서 성장할 수 있다.

투자 없는 성공은 불가능하다

낯선 영역에서 성공하려면 반드시 갖춰야 할 세 가지 조건이 있다.

- ☐ 이 시장에 진입해야 하는 강력한 이유
- ☐ 꼭 필요한 투자 자원
- ☐ 불확실성을 감수할 각오

후지필름이 헬스케어 산업으로 전환할 수 있었던 이유도 이 조건들을 갖춘 덕분이다. 낯선 시장에서 기회를 잡으려면 치밀한 준비가 필요하다.

한 가지 예를 들어보자. 어느 음료 제조사가 최근 AI 시장이 뜬다며 사업 진출을 검토 중이다. 이 회사는 SaaS 시장 경험도 없고, AI에 대한 전문 지식도 없다. 다만 음료 판매 데이터를 활용하면 되지 않을까 싶어, 3억 원 규모의 시범 프로젝트를 준비 중이다.

그런데 인력은 기존 마케팅팀에서 일부만 배정했고, 서비스 개발은 스타트업에 외주를 준다. 영업은 대리점에, 마케팅은 광고 대행사에 맡긴다. 사업 책임자는 이 일에 20% 정도의 시간만 쓸 수 있다. 부장 보고, 임원 승인, 투자 한도까지 까다로운 조건도 붙었다.

문제는 여기서 끝나지 않는다. 이 사업은 3년 안에 흑자 전환, 5년 안에 손실 회수를 목표로 하고 있다. 과연 이런 구조로 새로운 시장에서 성공할 수 있을까? 냉정하게 말하자면 성공 확률은 희박하다.

비록 가상의 사례지만, 실제로 비슷한 실패 사례가 많다. 이유는 명확하다. 이 사업을 해야 하는 확고한 이유가 없기 때문이다. 게다가 전담 조직도 없고, 자금도 부족하다. 무엇보다 '이 일이 실패할 수도 있다'는 불확실성에 대한 각오가 없다.

불확실성은 늘 염두에 두어야 한다. 그 리스크를 감당할 준비 없이 가능성만 보고 뛰어든다면, 사업은 시작도 하기 전에 흔들릴 수밖에 없다.

경쟁사에 없는 역량에
주목하라

여러 번 강조했듯이, 사업에 성공하려면 '역량'이 핵심이다. 시장에서 분명히 필요로 하지만, 아직 경쟁사들이 갖추지 못한 역량을 꾸준히 쌓아야 계속 수익을 낼 수 있다.

그래서 무엇보다 자사의 '실제 역량'을 정확히 파악하는 것이 중요하다. 이때 주의할 점이 있다. IR 자료나 채용 사이트에 나오는 자사 강점은 어디까지나 대외적인 메시지일 뿐, 수익을 창출하는 진짜 역량과는 다를 수 있다는 점이다.

또한 특허, 기술, 데이터 같은 요소를 곧바로 강력한 경쟁력으로 간주하는 것도 위험하다. 이런 요소는 '점'에 불과하다. **경쟁력은 이 점들이 연결되어 선을 이룰 때 비로소 힘을 발휘한다.**

특히 고객 기반이나 특허는 과대평가되기 쉽다. 기존 고객이 있으니 쉽게 팔릴 것 같고, 특허가 있으니 제품 개발에 큰 노력을 들이지 않아도 성공할 것 같다는 착각 때문이다.

하지만 이런 인식은 실제로 많은 사업을 실패로 이끌었다.

특히 이런 역량들이 부족한 부분을 보완할 만큼 강력하지 않다면 기대 이하의 성과를 내기 쉽다. 따라서 과대평가를 경계해야 한다.

이 책에서는 성공한 사업가들이 실제로 경쟁력의 중심으로 삼는 핵심 역량을 다룬다. 대표적으로 마케팅, 영업, 기획, 제조 및 서비스 제공, 경영 관리 역량이 그것이다.

이 역량들은 상품을 '기획하고, 만들고, 판매하는' 단계로 이어지며, 부품 유통회사 미스미Misumi가 강조하는 '창조하고, 만들고, 판다'라는 개념과도 닿아 있다.

마케팅 역량이 사업 확장의 판을 바꾼다

마케팅은 수요를 파악하고, 상품을 알리며, 구매로 이어지도록 만드는 전반적인 활동을 말한다. 그리고 브랜딩은 그 과정에서 고객에게 기업 또는 상품에 대한 이미지를 형성하게 하는 전략을 말하며, 궁극적으로 구매 욕구를 자극하는 데 기여한다.

마케팅 역량은 거의 모든 사업에서 핵심적인 경쟁력을 좌우한다. 이 역량이 뛰어나면 새로운 사업을 시작할 때, '고객과의 소통 창구'를 빠르게 만들어 시장 진입의 속도가 빨라진다. 즉, 마케팅 역량이 뛰어난 기업일수록 새로운 영역에도 전략적으로 유연하게 접근할 수 있다.

예를 들어, AI 사업을 본격적으로 시작하기 전에 먼저 'AI 관련 미디어'를 운영해보는 편이 좋다. 비교적 리스크가 낮은 콘텐츠 기반 사업으로 시장 반응을 먼저 확인하고, 이후 본격적인 확장에 나서는 방식이다.

반면, 마케팅 역량이 부족한 기업은 신규 고객을 확보하는 데 어려움을 겪는다. 이로 인해 사업 영역이 제한되고, 고객층 확대에도 제약을 받게 된다.

'직접 팔 수 있는 힘'이 사업을 움직인다

영업은 마케팅으로 구매 문턱까지 온 고객에게 실제로 상품을 판매하는 능력을 말한다. 복잡한 상품을 판매할 때는 고객에게 쉽게 설명하는 능력이 중요하고, 반대로 상품이 단순하거나 잘 팔리는 경우라면 효율적인 영업 체계가 더 중요하다. 이처럼 '설명 능력'과 '영업 체계'는 모두 영업 역량에 포함되지만, 성격은 다르다.

실제로 어느 교육 기업을 운영하는 한 사업가는 영업 역량의 중요성을 절실히 느꼈다. 이 기업은 사업 초기부터 개인과 기업 대상 서비스를 함께 운영했다. 그러나 법인 영업 경력을 갖춘 직원이 없어서 초반에 기업 서비스의 판매가 부진했다. 기업 고객과 개인 고객은 완전히 다르게 접근해야 한다는 점을 간과했기 때문이다. 다행히 이후 법인 영업 경력자를 채용한 뒤, B2B 부문에서도 성장을 이끌어냈다.

많은 회사가 '영업을 잘한다'고 평가받지만, 그들이 모든 사업에서 만능 영업 능력을 갖춘 것은 아니다. 상품의 특성과 고객의 속성에 따라 필요한 영업 전략은 달라진다. 그래서 성공한 사장의 수첩에는 '무엇을, 누구에게, 어떻게 파는 역량'을 갖추어야 하는지 명확히 적혀 있다.

영업 역량이 뛰어난 회사는 전략적 실험이 가능하다.

예를 들어, 자체 제품을 개발해 새로운 시장에 진출하기 전, 다른 회사의 제품을 사들여 먼저 판매해볼 수 있다. 이처럼 시장을 먼저 경험하고 나서 자사 제품을 만들면 리스크는 낮아진다.

반면, 영업 역량이 부족한 기업은 새로운 고객을 개척하지 않고 기존 고객에게만 의존한다. 이는 장기적으로 사업 성장에 큰 제약이 된다. 뛰어난 전략을 세워도 영업력이 없으면 성장하기 어렵다.

일부 기업은 대리점을 활용하기도 한다. 하지만 대리점이 자사 상품을 판매하려면 세 가지 조건이 필요하다.

☐ 일정한 매출을 보장할 수 있는 가능성
☐ 누구나 이해하기 쉬운 상품 구조
☐ 매력적인 브랜드 이미지

이 조건이 충족되지 않으면 대리점 역시 적극적으로 움직이지 않는다. 즉, 영업을 전적으로 대리점에 맡기겠다는 생각은 사실상 영업에 대한 책임 회피일 수 있다. 특히 새로운 사업을 시작할 때는 사업 리더가 직접 영업에 나서야 한다. 고객의 반응을 직접 봐야 제품 개선 속도도 높아지고, 전략도 상황에 맞게 조정할 수 있다.

기획하고 만드는 힘이 결국 회사를 지킨다

상품 기획 및 개발이란, 고객에게 유용한 상품을 자사에서 직접 기획하고 만드는 능력을 말한다. 이 역량은 사업의 생명을 결정짓는 핵심 요소 중 하나다.

하지만 이 역량이 부족하다고 해서 성공할 수 없는 것은 아니다. 실제로 단순한 인력 서비스 기업을 운영하는 어느 사업가는 "제품을 만들 생각은 없느냐"는 질문에 이렇게 답했다.

"저는 개발 능력이 부족해서 현재 사업을 더 키우는 데 집중할 것입니다."

그리고 그는 정말 놀라운 성장을 이뤘다. 상품 개발 역량이 없어도 얼마든지 사업을 키울 수 있음을 보여준 것이다.

물론 상품 기획 및 개발 역량을 갖추면 장기적으로 강력한 경쟁력을 확보할 수 있다. 가령 마케팅 역량에만 의존할 경우, 다양한 시장에 접근할 수 있지만 경쟁도 그만큼 치열해진다. 특히 디지털 마케팅 분야는 변화 속도가 빠르다. 검색엔진 최적화[SEO], 리스팅 광고, 쇼핑몰 내 광고, 유튜브, 인스타그램, 틱톡 등 마케팅 채널이 끊임없이 바뀌고 있다.

하지만 상품 기획 및 개발 역량은 상대적으로 안정적인 경쟁력을 제공한다. 진입 시점에 완벽한 제품을 내놓지 못해도 괜찮다. 자체적으로 기획하고 만드는 힘을 차근차근 키우면 시장에서 오래 살아남을 수 있다.

조직을 움직이는 힘, 경영 관리

경영 관리는 다른 역량들과 성격이 조금 다르다. 그러나 사업 전략에 직접적인 영향을 미치므로 반드시 함께 살펴봐야 한다.

경영 관리란, 직원을 뽑고 그들이 안정적으로 높은 생산성을 내게끔 조직을 운영하는 능력을 말한다. 사업이 어느 정도 규모를 갖추면 반드시 이 역량을 갖추어야 꾸준히 성장할 수 있다.

예를 들어, 일본의 영어 교육 업계를 살펴보자. 이곳에서는 계약직이 일반적이다. 그러나 프로그릿은 모든 직원을 정규직으로 채용했다. 조직 강화와 생산성 유지를 위해서였다. 이처럼 경영 관리는 인재 확보와 유지, 조직 문화, 제도 설계 등 다양한 측면을 포함한다.

경영 관리는 상당히 복잡하다. 기업마다 체계가 다르며 쉽게 바꾸기도 어렵다. 특히 인사 및 보상 제도는 한 번 정착되면 바꾸기 쉽지 않다. 성과와 무관하게 고정 급여를 지급하던 조직이 성과급 중심 제도로 전환하기란 거의 불가능에 가깝다. 내부 반발이 크기 때문이다. 과장해서 말하면, 기존 체계를 완전히 바꾸는 것보다 새 회사를 차리는 것이 오히려 수월할 수도 있다.

따라서 경영 관리 역량을 경쟁력으로 삼으려면, 전략과 조직 제도가 한 몸처럼 연결되어야 한다. 가령 허술한 영업 체계를 갖춘 회사가 영업력 중심의 사업을 추진하면 실패할 가능성이 높다.

시장은 언제나 냉혹하다. 회사의 운영 방식과 전략이 어긋나면, 아무리 좋은 기회가 와도 제대로 성과를 내기 어렵다.

제대로 만드는 힘이 고객을 붙잡는다

제조 및 서비스 제공 역량이란, 제품을 적정한 원가로 생산하고, 납기와 품질에 문제가 없도록 관리하는 능력을 말한다. 이 역량은 특히 음료, 식품, 소비재, 자동차 등과 같이 실물 상품의 품질과 공급 안정성이 핵심인 산업에서 더욱 중요하게 작용한다.

물론 인적 자원 서비스를 운영하는 기업의 경우, 제품을 제조할 일은 없겠지만 서비스 제공 역량이 그만큼 중요하다.

예를 들어, 영어 교육 기업인 프로그릿은 100명이 넘는 조직을 안정적으로 운영하며 교육 품질을 유지하고 있다. 이는 단순히 사람을 많이 고용한 것이 아니라, 서비스 제공 체계를 탄탄히 한 것이다.

고객은 화려한 광고보다 흔들림 없는 서비스에 신뢰를 느낀다. 즉, 고객의 마음을 붙잡는 힘은 좋은 품질의 상품을 만들어 제공하는 데서 나온다.

사장의 수첩에는 이렇게 쓰여 있었다.

무엇을, 누구에게, 어떻게 팔 것인지 깊이 고민하라.

강점 하나만 믿고 시작하면 망하는 이유

보통 새로운 사업을 추진할 때 '우리의 강점은 무엇인가?'라는 질문부터 시작한다. 하지만 개별적인 강점만으로 판단해서는 안 된다. 지금까지 쌓은 핵심 역량들을 종합적으로 분석해야 한다. 하나의 능력만으로 경쟁력을 확보할 수 있는 경우는 매우 드물다. 설령 있다 하더라도 극히 예외적인 사례일 뿐이다.

역량은 언제나 전체를 놓고 파악하라

역량에 따른 강점을 정리하면 다음과 같다.

- 영업 및 마케팅: 타사보다 판매를 잘할 수 있다.
- 상품 기획 및 개발: 타사보다 매력적인 상품을 기획하고 디자인할 수 있다.
- 제조 및 서비스 제공: 대규모 서비스를 안정적으로 운영하거나 대량의

상품을 안정적으로 만들 수 있다.

☐ 경영 관리: 타사보다 큰 조직을 효율적으로 형성하고 운영할 수 있다.

경쟁력은 이러한 역량들이 조화를 이룰 때 생긴다. 그리고 이 모든 역량은 현재의 사업을 기준으로 판단해야 한다.

예를 들어, 의류 제조에 필요한 역량과 영어 교육 서비스를 제공하는 데 필요한 역량은 전혀 다르다. 또한 영어 회화 서비스를 개인 고객에게 제공하는 능력과 기업 고객에게 제공하는 역량도 다르다.

따라서 사업에 필요한 역량이 부족하다고 판단되면, 그 역량을 강화하기 위해 반드시 투자해야 한다.

익숙한 일에 주목하라

신사업으로 무엇을 해야 좋을지 모르겠다면, 다른 회사는 어려워하지만 자사는 잘하는 '익숙한 일'에 주목해보라. 경쟁력이란 개별 역량이 서로 연결되어 자연스럽게 발휘되는 상태를 말한다(그림 1). 즉, '익숙한 상태'가 곧 경쟁력이다. 익숙한 일을 할 땐 의사결정이 빠르고 실행력도 강하다.

물론 회사의 경쟁력을 단순한 개별 강점으로 정의하긴 어렵다. **진정한 경쟁력은 기획, 개발, 판매 역량이 유기적으로 결합해 효율적으로 작동할 때 드러난다.**

그림 1 | 경쟁력을 결정하는 주요 역량

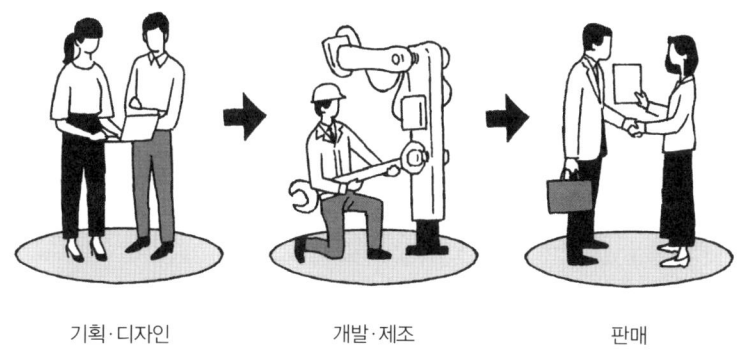

기획·디자인   개발·제조   판매

　예를 들어, 어떤 마케팅 회사가 SNS 마케팅에 뛰어나다고 하자. 하지만 이 요소만으로는 경쟁력을 판단할 수 없다. 이는 어디까지나 전체 역량 중 일부일 뿐이다.
　문제는 익숙한 일이기 때문에 다른 기업과의 차이를 알아차리기 어렵다는 점이다. 그래서 고객이나 외부 전문가의 의견을 경청하며 자사의 역량을 객관적으로 파악하려는 노력이 중요하다.

강점이 명확하지 않을 땐 하나라도 집중하라

충분한 역량이 없을 때는 자사만의 강점조차 보이지 않을 수 있다. 그럼에도 새로운 시장에 도전하고 싶다면 '개별 강점'에 집중해보자.

실제로 기술이나 단골 고객 같은 단일 강점을 발판 삼아 시장에 먼저 진입한 후, 점차 다양한 역량을 쌓고 사업을 확장하는 사례도 많다.

유토리도 '빈티지 패션에 대한 열정'이라는 단 하나의 강점으로 창업했다. 사실 인스타그램 계정 운영만으로는 사업을 키우기 어렵다. 하지만 유토리는 차근차근 마케팅과 상품 기획 역량을 쌓으며 사업 확장의 발판을 마련했다.

사장의 수첩에는 이렇게 쓰여 있었다.

강점은 하나의 점, 경쟁력은 한 줄의 선이다. 하나만 잘해서는 시장에서 살아남을 수 없다.

뛰어난 사업가는
쉽게 만족하지 않는다

기업은 언제나 새로운 역량을 확보하기 위해 움직여야 한다. 사업 환경은 끊임없이 바뀌고, 그에 따라 필요한 역량도 달라진다. 한 자리에 머무르면 경쟁에서 밀릴 수밖에 없다. 결국 수익을 내는 힘도 점점 약해진다. 그래서 뛰어난 사업가들은 쉽게 만족하지 않는다. 발전하지 않는 기업은 곧 도태되기 때문이다.

편안한 자리에 머물면 결국 밀린다

그렇다면 새로운 역량을 확보하기 위해 어떻게 해야 할까? 방법은 간단하다. 끊임없이 새로운 고객을 확보하고, 새로운 상품을 내놓고, 새로운 사업을 계속 추진해야 한다.

　기존 고객만을 대상으로 판매하고, 과거의 히트 상품에만 의존해 수익을 내는 것은 내리막길로 향할 뿐이다. 물론 신상품과 새로운 고객층을 공략하기는 어렵다. 하지만 새로운 사업에 도전하지 않고, 새로운 역량을 확보하지 않으면 시장의 변화에 적응할 수 없다.

예를 들어, 대기업의 자회사를 떠올려보자. 이들은 대부분 모회사에서 내려오는 일감에 의존한다. 그런데 모회사로부터 발주가 줄어들면 어떻게 될까? 자체적으로 일감을 확보하거나 새로운 사업을 시작해야 한다. 하지만 오랜 시간 동안 모회사에 의존했던 습관 때문에 스스로 수익을 내는 구조를 만드는 데 어려움을 겪는다. 뒤늦게 위기감을 느끼고 새로운 사업을 추진하려 해도 쉽지 않다.

만약 지금 이런 회사에 속해 있다면, 강한 의지를 갖고 구조를 바꿔야 한다. 처음에는 어려움이 많겠지만, 꾸준히 노력하면 충분히 역량을 키울 수 있다.

역량을 키우는 또 다른 방법 중 하나는 인사 평가 체계에 반영하는 것이다. 실제로 '새로운 수익 모델을 만든 것'을 높은 평가 기준으로 삼는 기업도 있다.

하지만 당장의 매출 실적만으로 평가하면 역량 확보는 뒷전으로 밀린다. 새로운 시도는 비효율적으로 보일 수 있기 때문이다. 따라서 도전을 통해 무엇을 얻었는지에 주목해야 한다.

예를 들어, 새로운 사업을 시작했지만 기대만큼 성과가 나지 않아 2년 만에 철수했다고 해보자. 이 경우에도 중요한 역량을 새롭게 확보했다면 충분히 긍정적으로 평가해야 한다. 성과가 아닌 경험을 평가할 수 있어야, 실패를 두려워하지 않고 도전하는 문화가 자리 잡는다. 새로운 역량은 바로 그 도전 속에서 자라난다.

사다리를 오르듯 단계적으로 접근하라

이번에는 내가 단계적으로 역량을 확보했던 사례를 소개하겠다.

예전에 나는 사업 정상화를 목표로 직원 15명 규모의 인사·채용 관련 광고 회사를 인수하고 대표로 취임했다. 당시 이 회사에는 엔지니어조차 없었고, 디지털 관련 사업도 전무했다. 고객 확보 역시 텔레마케팅에 의존하고 있었다. 이런 상황에서 회사를 성장시켜야 했다.

처음에는 비용을 줄이고 기존 사업을 키우는 방식으로 접근했지만 곧 한계를 느꼈다. 회사가 한 단계 더 성장하려면 새로운 시장으로 진출할 수밖에 없었다. 그래서 다음과 같은 방향성을 설정했다.

- 인사·채용 업계에 특화된 디지털 서비스를 자체적으로 개발하고 운영한다.
- 자사가 개발한 디지털 서비스를 다른 인사·채용 기업에도 판매한다.
- 이 기술을 패키지화해 SaaS 형태로 다른 업계 기업에도 제공한다.

이처럼 사다리를 오르듯 단계적으로 역량을 확장한 결과, 해당 기업은 인사·채용 광고 회사에서 SaaS 기업으로 거듭날 수 있었다. 성과도 뚜렷했다. 인수 당시 연 매출 약 2~3억 엔, 영업손실 3천만 엔 수준이던 실적은 7년 만에 연 매출 20억 엔, 영업이익 11억 엔으로 성장했다.

나는 당시 사다리를 오른다는 마음으로, 역량 확보와 사업 확장을 단계적으로 진행하는 데 집중했다. 인사·채용 기업이 처음부터 SaaS 사업에 도전하는 것은 리스크가 크다고 판단했기 때문이다. 결국 핵심은 자사의 현재 역량을 바탕으로 리스크를 관리하며 점진적으로 사업을 넓히는 데 있다(그림 2).

지금껏 만든 적 없던 제품을 새로운 고객에게 판매하는 일은 쉽지 않다. 심지어 적자로 이어질 가능성도 높다. 물론 사업 목적이 명확하고 빠르게 시작해야 하는 경우라면, 상품 개발과 신규 영업을 동시에 추진할 수 있다. 하지만 그만큼 리스크도 커진다.

새로운 역량을 확보하는 일은 노련한 사업가에게도 어렵다. 실제로 나 역시 모든 에너지를 쏟아부었다. 인사·채용 서비스를 판매하는 방식과 SaaS 서비스를 판매하는 방식은 완전히 달랐기 때문이다. 대

그림 2 | **목표로 하는 새로운 영역 진출**

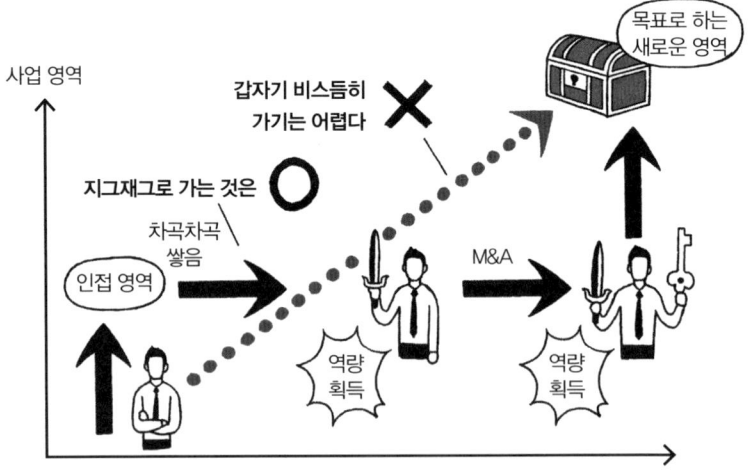

상 부서부터 영업 채널, 영업 방식까지 모두 새롭게 구성해야 했다.

그 결과, 자사 미디어 운영, 전시회 및 우편 마케팅, 외부 고문 활용 등 다양한 방식의 노하우를 확보할 수 있었고, 이를 통해 'SaaS 사업에 필요한 판매 및 마케팅 역량'을 갖추게 되었다.

이 시기에 단행한 신규 인력 채용도 결정적인 역할을 했다. AI 사업을 본격화하기 위해 채용한 인재들이 사업의 주축이 되었고, 이후 회사의 성장을 이끄는 핵심 역량으로 자리 잡았다.

성공한 사장의 수첩에 빠지지 않는 단어, '고객'

평소에 역량을 키우는 가장 손쉬운 방법은 새로운 고객에게 판매해 보는 것이다. 많은 조직이 신규 영업을 꺼린다. 그러다 보니 사업 담당자의 의지가 강하지 않으면 결국 기존 거래처에만 의존하는 영업 조직이 되고 만다. 실제로 이런 방식에 안주하다가 영업 역량을 잃은 기업도 적지 않다.

새로운 고객에게 접근하려면 마케팅 채널부터 바꿔야 한다. 늘 하던 방식에서 벗어나 새로운 채널을 시도하는 것만으로도 영업 역량은 빠르게 키워진다.

기획 및 개발 역량은 자사의 고객층을 대상으로 신제품을 판매해 보는 데서 시작할 수 있다. 다른 기업과 협업해 패키지를 판매하는 것도 좋은 전략이다. 이 과정을 반복하면 고객의 요구에 민감해지고, 이를 바탕으로 상품 기획 및 개발력이 향상된다.

많은 이들이 신사업이나 신상품이라 하면 '혁신적인 비즈니스 모델'부터 떠올린다. 그러나 자사의 기존 역량을 가장 잘 발휘할 수 있는 영역부터 넓혀가는 것이 효율적이다. 의류 기업이 화장품 사업에 진출한 것처럼 말이다.

여러 번 말했듯, 역량을 키우려면 시간과 노력이 필요하다. 예컨대, 검색엔진 최적화 지원 사업을 하던 한 기업은 10년에 걸쳐 자체 미디어 운영 역량을 확보하고, 나아가 자체 금융 상품을 개발하는 데 성공했다. 이렇듯 아무리 뛰어난 기업도 하루아침에 역량을 갖추진 못한다.

지금 당장 움직여야 한다. 역량은 기다린다고 생기지 않는다.

큰돈을 들이기 전에 꼭 확인해야 할 것, 리스크

종종 사업을 빨리 키우고 싶은 마음에 마케팅에 과도하게 돈을 쓰기도 한다. 하지만 빠른 성장에는 늘 리스크가 따른다.

일본의 한 중고거래 플랫폼은 텔레비전 광고에 15억 엔(약 150억 원)을 투자했다. 다행히 결과는 성공적이었다. 하지만 이는 '운 좋은 기업'의 이야기일 뿐이다. 텔레비전 광고는 절대적인 성공을 보장하지 않는다. **확실한 성공을 보장하는 마케팅은 세상에 없다.**

그런데도 이 기업은 불확실성을 감수했고, 다행히 그 대가는 달콤

했다. 그러나 똑같은 방식으로 투자했다가 위기를 맞은 기업도 셀 수 없을 만큼 많다.

성공한 경우만 생각하며 전략을 세우면 안 된다. 성공 사례는 언제나 소수일 뿐이다. 실패한 수많은 기업들은 기록조차 남지 않는다.

기업이 감수해야 할 리스크는 마케팅뿐 아니라 제품, 운영, 해외 진출 등 여러 가지다.

예를 들어, "LTV(고객 생애 가치)를 올리기 위해 10억 원을 투입한다", "세계 여러 국가에 동시 진출해 최소 1/3 국가에서 성공한다" 같은 전략이 그렇다.

이런 방식은 단계적 검증을 생략하고 낮은 성공 확률로 큰 수익을 노리는 전략이다. 리드 호프먼과 크리스 예의 《블리츠스케일링》(쌤앤파커스, 2020)에서도 이 접근법을 심층적으로 다룬다.

물론 업계 1위가 모든 이익을 가져가는 구조라면 어쩔 수 없이 이런 전략을 선택해야 할 수 있다. 하지만 리스크를 감수할 여력이 없으면서도 무모한 승부에 나선다면, 애초에 사업 선택부터 잘못된 것이다.

사장의 수첩에는 이렇게 쓰여 있었다.

지금 자리에 머무는 순간 경쟁력은 약해진다. 새로운 상품, 고객, 시장에 꾸준히 도전해야 한다. 특히 빠르게 역량을 키우고 싶다면 기존 고객말고 새로운 고객에게 팔아라.

평범한 학생에서
성공한 사장으로

자신의 능력을 바탕으로 사업을 시작하고, 꾸준히 역량을 키워나간다면 끝없이 성장할 수 있다. 학생 창업가 나가시마 유토 長島悠人는 그 가능성을 실제로 증명했다.

어떻게 평범한 학생이 성공한 사업가로 변신할 수 있었을까? 이 사례는 지금까지 소개한 기업 사례들과 조금 결이 다르다. 하지만 새로운 사업을 시작하려는 사람에게는 분명히 의미 있는 이야기니 간단히 살펴보겠다.

열정 하나로 50억 원을 벌다

사업가에게 거창한 창업 동기는 필요 없다. 열정에 불을 지피는 것만으로도 충분하다. 게이오대학교에 재학 중이던 나가시마 유토도 마찬가지였다. 그는 친구들 사이에 '사업가는 멋있다'는 분위기가 번지자, 망설임 없이 창업을 결심했다.

문제는 아직 아무런 역량도 없었다는 점이다. 그가 가진 자산은 시간과 에너지, 그리고 사업을 시작하려는 의지뿐이었다.

하지만 나가시마는 포기하지 않았다. 그는 미디어 회사에서 6개월 동안 인턴으로 일하며 역량을 하나씩 익혔다. 그리고 그 경험을 토대로 미디어 광고 사업을 시작했고, 불과 1년 6개월 만에 회사를 약 5억 엔(약 50억 원)에 매각하는 데 성공했다.

월급보다 역량을 택한 학생 사업가

창업 지망생을 성공한 사업가로 이끈 요인은 다음 4가지다.

- ☐ 실무 경험을 통한 빠른 역량 확보
- ☐ 수익성 높은 사업과의 만남
- ☐ 인사이트를 발견하는 감각
- ☐ 열정과 시간이라는 강력한 자원

• **실무 경험으로 빠르게 역량을 키우다**

나가시마는 대학 시절, 미디어 기업에서 인턴으로 일하며 실무 역량을 키웠다. 월급 액수는 중요하지 않았다. 얼마나 빠르고, 확실하게 역량을 얻느냐가 더 중요했다.

많은 기업에서 새로운 사업을 검토할 때 '바로 수익이 나는가?'를 먼저 따진다. 그러나 이는 마치 학생이 월급만 보고 첫 회사를 고르는 것과 같다.

새로운 영역에 진입할 때는 단기간 수익보다 장기적 역량 확보에 초점을 맞춰야 한다. 나가시마는 "6개월 정도면 충분하다"는 판단 아래, 짧고 강도 높은 인턴 경험으로 역량을 쌓았다. 만약 당시 월급이 높거나 일이 편한 곳만 찾았다면, 성공하지 못했을지도 모른다.

• 수익성 높은 시장은 가까이에 있다

나가시마는 전략적으로 미디어 산업을 고른 것이 아니었다. 때마침 인턴으로 들어간 기업이 빠르게 성장하던 곳이었다.

사업에 필요한 역량은 그걸 잘하는 기업 안에서 가장 효과적으로 배울 수 있다. 수익을 내지 못하는 회사에선 아무리 인턴을 해도 수익 창출 능력을 키우기 어렵다.

나가시마는 당시에 급성장 중이던 상장 기업에서 실무를 익히며 역량과 인사이트를 동시에 얻었다.

• 적절한 시점에 발견한 인사이트

기본기를 쌓은 나가시마는 사업을 시작하고도 6개월 동안 성과를 내지 못했다. 그래도 그는 사업을 하며 하나의 인사이트를 더 얻었다. 미디어를 빠르게 확장하는 법을 알게 된 것이다.

이후 집중 투자에 들어간 그는 불과 1년 만에 월 매출 1,500만 엔을 달성했고, 마침내 회사를 약 5억 엔에 매각했다.

• **열정과 시간, 가장 강력한 사업 자원**

사업 역량이 전무했던 대학생이 불과 2년 만에 성공한 사업가로 변신할 수 있었던 가장 큰 이유는 무엇일까? 바로 열정과 시간이라는 두 가지 자원 덕분이다. 돈이나 인맥보다 중요한 자원은 바로 '하고 싶다는 마음'과 '시간을 투자할 의지'다. 나가시마는 그 두 가지를 누구보다 집요하게 사용했다. 그 결과, 그는 역량을 키우고 매각이라는 확실한 성과까지 만들었다.

기회보다 기본기를 선택한 사업가의 뒷심

그 후, 나가시마는 마케팅 역량을 바탕으로 사업 영역을 확장하는 데 집중했다. 매각으로 확보한 자금은 IT 솔루션 등을 이용한 운영 개선과 신규 사업 투자, 인수에 활용했다.

개인이든 조직이든 역량 확보와 사업 확장은 항상 함께 이루어진다. 만약 그가 마케팅 역량을 활용할 수 없는 새로운 사업을 선택했다면, 기초 실무 경험부터 다시 쌓아야 했을 것이다.

한 번 성공을 경험하면 새 영역 진출에 필요한 '기본기를 쌓는 시간'을 오히려 기회손실로 받아들이기 쉽다. 나가시마 역시 '미디어 사업을 계속했다면 더 많은 수익을 얻었을 텐데'라고 생각했을지도 모른다. 그러나 나가시마는 여전히 새로운 영역에 도전하며, 그에 필요한 기초 경험조차 마다하지 않는 자세를 유지하고 있다.

이런 사람 한 명만 있어도
사업은 돌아간다

JDSC는 AI와 데이터 과학을 통해 수요 예측, 에너지 사용 분석, 건강 상태 감지 등의 서비스를 제공하는 기업이다. 이 기업의 대표 가토 에르되시 사토시는 자신만의 고유한 역량을 활용해 회사를 빠르게 성장시켰다. 그는 어떤 방식으로 사업 영역을 선택하고 확장했을까?

혼자서도 사업을 완성한 사업가의 비밀

먼저 가토의 강점 세 가지를 정리해보자.

- **다양한 사업 경험**

가토는 JDSC를 설립하기 전부터 콘텐츠, 교육 등 여러 분야의 사업을 직접 운영했다. 그 과정에서 자연스럽게 사업을 기획하고 추진하는 역량을 갖추었다.

• **뛰어난 영업 역량**

가토는 사람을 만나고 신뢰를 쌓는 데 능숙하다. 그래서 매주 여러 모임을 열며 활발하게 네트워크를 구축했으며, 이 네트워크는 사업 초기 큰 자산이 되었다.

• **전문 지식을 바탕으로 한 기획 역량**

심리통계학과를 졸업한 그는 통계학 지식이 탄탄했고, 제약회사 근무 경험 덕분에 의료 산업도 깊이 알았다. 이러한 전문성은 사업 초기, 경쟁사보다 유리한 고지를 선점하는 데 큰 힘이 됐다.

가토는 이처럼 혼자서도 JDSC의 핵심 사업을 기획하고 실행할 수 있는 역량을 갖추었다. 기본적인 사업 모델이 시장 수요와 맞아떨어진다면, 개인의 역량만으로도 얼마든지 창업할 수 있다. 물론 사업 규모를 키우는 과정에는 여러 장벽이 존재한다. 그러나 탄탄한 전략을 세우면 충분히 극복이 가능하다.

노력하지 않아도 팔렸다

JDSC의 핵심 사업은 데이터 과학을 바탕으로 한 소프트웨어 개발 및 컨설팅이다. 주식회사로 전환하기 전 사단법인일 때에는 주로 의료 정보의 통계 해석에 집중했다.

사업 초기, 가토는 고객의 요청으로 의료 정보 통계 해석 일을 시작했다. 다행히 이후에도 지인들의 소개로 꾸준히 프로젝트를 따냈는데, 이는 세 가지 요소가 맞아떨어진 덕분이다.

- **전문 지식**

앞에서도 말했듯, 가토는 통계학과 의료 산업에 대한 지식이 있었다. 사실 대부분의 사업가는 특정 역량을 전략적으로 쌓기보다, 순수한 호기심에 이끌려 쌓는 경우가 많다. 가토 역시 "통계학은 그냥 재미있어서 공부한 것"이라고 말했다.

- **수요의 급증**

당시 데이터 해석과 활용에 대한 수요가 급증했지만, 이를 전문적으로 수행할 수 있는 기업은 많지 않았다. 대형 IT 기업들이 일부 서비스를 제공했지만, 가격이 너무 높아 틈새시장이 생겼다.

- **행동력**

의료 데이터 해석이 가능한 사람은 많았다. 그러나 가토처럼 직접 뛰어다니며 일을 따내고, 이를 사업으로 연결시킬 수 있는 사람은 드물었다. 기술만으로는 사업이 되지 않는다. 실행력이 있어야 한다.

가토의 수첩에는 다음과 같은 인사이트가 적혀 있었던 셈이다.

☐ 고객은 '의료 정보 통계 해석' 서비스를 간절히 원한다.
☐ 대기업의 서비스는 비싸서 쓰기 부담된다.
☐ 나에게는 충분한 역량이 있다.

이 기업은 특별한 마케팅 없이도 일이 계속 들어왔다. 즉, 경쟁사가 충분한 경쟁력을 갖추지 못했다는 뜻이다. 이처럼 '노력하지 않아도 팔리는' 귀중한 타이밍이야말로 사업 확장의 불씨가 된다.

이런 기회가 오면 반드시 분석해야 한다. 먼저 기회가 온 이유를 파악한 뒤 확장해도 좋고, 확장 후에 이유를 되짚어도 된다. 중요한 것은 그 경쟁력을 설명할 수 있어야 투자도, 사업도 탄력을 받을 수 있다는 점이다.

사장의 수첩에는 이렇게 쓰여 있었다.

마케팅하지 않아도 일이 몰릴 땐 세 가지를 알아보라. 첫째, 왜 수요가 생겼는가. 둘째, 고객은 왜 자사를 선택했는가. 셋째, 언제까지 이 흐름이 갈 것인가.

제대로 준비하지 않은 신사업은
돈 들인 실패일 뿐

여러 번 강조했듯, 기업은 항상 신사업과 신상품 개발, 신규 고객 확보에 힘써야 한다. 그래야만 역량이 쌓이고, 사업도 확장되며, 끊임없이 변하는 시장 속에서 살아남을 수 있다.

낯선 영역에선 강자도 초보가 된다

낯선 영역에 진출하는 일은 언제나 리스크를 동반한다. 따라서 그 영역에서 성공하려면 반드시 새로운 역량을 확보해야 한다. 이는 대기업도 마찬가지다.

후지필름이 대표적인 사례다. 이 기업은 사진 필름 제조업에서 벗어나, M&A를 통해 의료기기와 첨단 소재 산업으로 주력 사업을 전환해 성공을 거뒀다. 또한 전자기기 기업인 교세라도 통신 사업에 뛰어들어 KDDI를 설립하며 새로운 시장에서 안착했다. 당연히 이들도 새로운 역량을 확보하기 위해 막대한 자금과 시간을 투자했다.

이처럼 기존 사업의 틀을 벗어날 때는 막대한 투자가 필요하며 높은 불확실성도 따른다.

하지만 때때로 낯선 시장에 진출해야만 하는 시점이 온다. 그럴 땐 '성공'보다 먼저 '역량 확보'를 목표로 설정해야 한다. 또한 자사는 새로운 영역에서 약자라는 점을 인정해야 한다. 낯선 영역에서는 강자도 초보가 된다. 이 사실을 제대로 인식해야만 투자가 필요한 부분에 자원을 쏟고, 조직의 의사결정 속도도 높일 수 있다.

무작정 '우리의 강점으로 해낼 수 있다'라며 밀어붙이는 식의 접근은 위험하다. '부족한 부분을 채우며 끝까지 살아남겠다'는 간절한 각오로 접근해야 한다.

기반도 없이 뛰어들면 실패는 시간문제다

기업이 낯선 영역에 진입하기 전에 반드시 확인해야 할 것이 있다. 바로 '그 시장에 들어갈 준비가 돼 있는가'다. 여기서 말하는 '준비'란 단순한 마음가짐이 아니다. 기본적인 지식, 경험, 자원, 관련 역량 등 해당 영역에 대한 기반이 어느 정도 갖춰져 있어야 한다(그림 3).

지금 당장 낯선 영역에서 활용할 수 있는 역량이 없더라도 걱정할 필요 없다. 의지만 강하면 초기 경험을 쌓고, 인재 영입이나 M&A를 통해 충분히 역량을 키울 수 있다. 그렇게 기반을 다진 다음 새로운 영역에 뛰어들면 된다. 기업이든 예비 창업가든 마찬가지다.

그림 3 | 낯선 영역으로 진출할 때

낯선 영역으로 한 번에 갈 수 없다.
지식, 경험, 자원, 관련 역량 등 기반이 필요하다.

특히 새로운 시장에 투자하려면 투자 여부를 결정하는 사람에게 해당 분야에 대한 인사이트가 있어야 한다. 이때 인사이트는 경험에서 나온다.

실제로 후지필름은 의료 분야에서 본격적으로 도약하기 전부터 이미 관련 사업을 일부 전개하고 있었다. 주력 사업은 아니었지만 미리 기반을 다졌기에 과감한 투자가 가능했다.

반대로, 아무런 경험이나 기반 없이 완전히 새로운 시장에 진입하려 한다면 많은 시행착오를 각오해야 한다. 이때 가장 유용한 자료는 시장 보고서가 아니다. '실제 고객이 지갑을 여는지 여부'다. 고객의 구매 의사와 판매 실적이야말로 확실한 인사이트를 제공한다.

역량은 바로 확보할 수 없다

역량은 단기간에 확보할 수 없다. 핵심 인재를 영입하거나 M&A를 통해 빠르게 보완할 수는 있지만, 실무에 필요한 역량이 조직에 완전히 스며들기까지는 시간이 걸린다.

회사는 여러 사람이 유기적으로 얽혀 움직이는 하나의 생물과 같다. 갑자기 새로운 세포를 이식하듯 외부 인재를 투입한다고 해도, 조직 전체가 조화롭게 작동하려면 적응 기간이 필요하다.

예를 들어, 자사의 판매력을 키우기 위해 영업 대리점을 인수했다고 해보자. 그렇다고 해서 단숨에 매출이 몇 배로 오르진 않는다. 진짜 판매 역량을 강화하려면 인사 제도부터 영업 관리 방식까지 전반적인 시스템 개혁이 이뤄져야 한다.

이처럼 시간이 걸리더라도 낯선 영역에 진입할 때는 여전히 다음의 세 가지 방식이 초기 역량을 쌓는 데 유용하다.

- ☐ 초기 경험을 쌓기 위한 진입
- ☐ 핵심 인재 채용
- ☐ M&A

이제 이 방법을 하나씩 살펴보자.

① 초기 경험을 쌓기 위한 진입

새로운 영역에서는 누구나 약자다. 그러나 약하다는 이유로 물러설 필요는 없다. 적은 리스크로 진입해 조금씩 수익을 내면서 역량을 확보하는 방법이 있다. 바로 '초기 경험 쌓기' 전략이다. 이 방식은 사업에 필요한 역량을 기르고, 공략할 인사이트를 갈고닦는 데 효과적이다.

의류 기업 유토리는 이 전략으로 성공한 대표적인 사례다. 유토리는 처음부터 자사 브랜드를 만들지 않았다. 대신 리스크가 낮은 미디어 사업으로 시장에 진입해 마케팅 역량을 키우고, 잘 팔릴 제품을 선별하는 감각을 쌓았다.

이 기업은 사장 가타이시가 인스타그램 계정을 부업으로 운영하면서 시작되었다. 그는 이미 올라와 있는 사진을 리포스팅하는 방식으로 비용을 거의 들이지 않고도 계정을 성장시켰고, 단 한 달 만에 약 3만 명의 팔로워를 확보했다.

이 시기에 유토리는 SNS 마케팅 노하우뿐 아니라, 의류 업계에서 영향력 있는 인물들과 네트워크도 자연스럽게 형성했다. 이후 중고 의류를 판매하며 수익을 내기 시작했고, 마침내 자사 브랜드 론칭까지 해냈다.

성공한 사업가의 수첩에는 종종 이런 말이 적혀 있다.

"초기 경험을 쌓는 것은 중요하다. 차근차근 단계를 밟으며 나아가다 보면 나만의 차별점을 만들 수 있다."

유토리의 사례는 이 말이 얼마나 현실적인 조언인지를 보여준다.

• 책상 앞이 아닌, 현장에서 길을 찾아라

사업에 필요한 역량은 책상 앞에 앉아 공부만 한다고 쌓이지 않는다. 연수나 교육도 당연히 도움이 되지만, 이는 어디까지나 실무에 뛰어들기 위한 준비일 뿐이다. 결국 직접 해봐야 실전에서 통하는 역량을 쌓을 수 있다.

실무란 '생각하고, 만들어서, 직접 파는 경험'을 말한다. 이 중 하나라도 빠지면 온전한 실무라고 보기 어렵다. 특히 '팔아보는 경험'이 핵심이다. 고객과 직접 마주하고, 그들의 반응을 체감했을 때 비로소 얻게 되는 통찰이 있다. '이건 팔릴 것 같다'라는 직감도 결국 실전 경험에서 비롯된다.

처음에는 제품이 완벽하지 않아도 괜찮다. 일단 만들어서 판매해 보는 것이 더 중요하다. 단, '사업 준비 기간이니 무료로 제공하자'라는 식의 접근은 피해야 한다. 실제로 무상 테스트만 하다가 수익 구조를 만들지 못하고 접는 경우가 허다하다.

'이 제품을 얼마에 팔 수 있었다'는 경험 자체가 큰 자산이다. 설령 사업을 철수하더라도 그 경험이 다음 사업 기회를 만든다.

린 스타트업 Lean Startup에서는 이 시기를 '학습 기간', 혹은 '수련'이라고 부른다. 최소한의 자원으로 시제품을 빠르게 만들고, 피드백을 받아 개선해 나가는 시기다. 다시 말해, 실전 경험을 통해 역량을 기르는 시기인 것이다.

- **수익보다 중요한 '초기 경험'의 전략적 가치**

초기 경험을 쌓는 이유는 자사의 역량이 부족하기 때문이다. 이 시기에는 큰 수익을 기대하면 안 된다. 새로운 영역에 막 진입한 단계에서 수익성까지 갖추길 바라는 것은 욕심이다.

실제로 많은 직장인 이 과정을 힘들어한다. 사장은 "성장 가능성이 보이지 않는다", "언제까지 경험만 쌓을 거냐"며 조급하게 압박하기 일쑤다. 이때를 대비해 자신을 보호할 방패를 마련해야 한다.

초기 경험의 목적은 수익이 아니라 역량 확보와 인사이트 발견에 있다. 수익으로 판단하려는 목소리가 들려오면 이 핵심을 다시 상기시키자. 경영진 역시 이 시기의 낮은 수익을 '성장의 밑거름'으로 인식하고 보호할 필요가 있다.

특히 대기업에서 초기 경험을 쌓기 위해 새로운 일을 시작할 때 신사업 담당자는 "왜 우리 회사가 이 사업을 해야 하지?"라는 질문을 많이 듣는다. 이런 질문에 능숙하게 대응하려면 자사만의 강점을 강조해야 한다. "기존 고객층을 활용할 수 있다", "우리 기술로 차별화된 제품을 만들 수 있다"는 식의 메시지가 설득에 유리하다.

하지만 이때 반드시 기억해야 할 점이 있다. 이런 설명은 '설득을 위한 메시지'일 뿐이다. 사업을 진두지휘하는 리더는 개별 강점만으로 성공을 보장할 수 없다는 사실을 누구보다 잘 알고 있어야 한다.

• 실패 확률을 줄이는 가장 현명한 출발점

처음 진입하는 낯선 영역에서는 어떤 비즈니스 모델을 선택하느냐가 중요하다. 처음부터 위험이 큰 모델을 택하면 실패 확률이 급격히 높아지기 때문이다.

여기서 '위험이 큰 비즈니스 모델'이란, 차별화된 제품을 직접 개발하고 새로운 마케팅과 영업 방식으로 판매해야 하는 모델을 말한다. 만약 진입하려는 시장에서 수익을 내고 있는 기업조차 없다면 더욱 주의해야 한다.

예를 들어, 누군가 내게 "의류 브랜드를 만들어달라"고 요청했다고 해보자. 나는 패션 사업을 이끌어 본 적 없다. 이런 상황에서 곧장 개성 있는 브랜드에 도전하는 것은 매우 위험하다. 이럴 땐 먼저 기본 티셔츠 판매부터 시작하거나 패션 미디어를 운영하는 방식으로 시장을 익히는 편이 낫다. 초기엔 '크게 성공할 수 없더라도 안정적으로 수익을 낼 수 있는 모델'이 적합하기 때문이다.

예컨대 외국인 관광객을 대상으로 한 사업을 준비 중이라면, 당장 자체 브랜드를 만들기보다 이미 잘 팔리는 상품의 마케팅 대행을 하거나 호텔의 예약 대행, 지역 파트너와 연결해주는 중개 서비스로 시작하는 것이 좋다. 그런 다음 성공적인 사례를 벤치마킹해 자사 브랜드를 만들어도 늦지 않다.

만약 인사이트도, 역량도 없이 무턱대고 새로운 콘셉트의 음식점이나 호텔을 열면 큰 위험을 감수해야 한다.

차별화가 곧 판매를 보장하지 않는다. 실제로 차별화에만 집착했다가 제품이 전혀 팔리지 않은 사례도 적지 않다.

상상해보라. 패션 문외한인 내가 시장에 진입하자마자 독창적인 디자인의 코트를 내놓는다면 어떨까? 결과는 뻔하다. 아무도 눈길조차 주지 않을 것이다.

낯선 영역에서 '파격적인 아이디어'만으로 성공할 수 있다고 믿는 것은 지나치게 낙관적인 태도다. 게다가 분산된 시장에서는 제품의 사양보다 관계가 구매 결정에 더 큰 영향을 미친다.

한번 생각해보자. 회사에서 웹사이트 제작 업체를 선정할 때 어떻게 정했는가? 서류상으로는 비교표를 첨부했을지 몰라도, 실제로는 소통하기 편한 업체를 선택했을 가능성이 높다. 이렇듯 분산 시장에서는 '관계'로 구매를 결정하는 경우가 더 많다.

- **리스크를 감수할 것인가, 속도를 늦출 것인가?**

신사업에 뛰어들 때 반드시 고려해야 할 것이 있다. 바로 속도와 리스크의 균형이다. 이 두 요소는 하나를 택하면 다른 하나의 부담이 커진다. 즉, 속도를 높이면 리스크가 커지고, 리스크를 줄이면 속도는 느려진다.

종종 스타트업은 큰 손실을 감수하면서도 빠르게 움직이는 것을 택한다. 다시 말해, 단기 수익성은 뒤로 미루고, 시장 선점을 위해 속도를 우선시하는 것이다.

하지만 모든 기업이 스타트업처럼 움직일 순 없다. 무작정 속도를 높이거나, 무조건 안정만 추구하다 보면 신사업 자체가 무산될 수 있다.

핵심은 균형이다. 리스크를 어디까지 감당할 수 있을지, 그리고 속도를 얼마나 낼 수 있을지를 정확히 판단하고 설계해야 한다.

② 핵심 인재 채용

핵심 인재란 새로운 영역으로 진출할 기회를 열어줄 인재를 말한다. 회사에 부족한 역량을 채워줄 보석 같은 존재다. 엔지니어 매칭 사업을 하는 투스톤&선스는 컨설팅 및 M&A 중개 시장에 진출할 때, 해당 분야에서 경험이 풍부한 핵심 인재를 영입해 사업을 시작했다.

목표 사업을 운영하는 데 필요한 전문 지식과 강한 추진력을 갖춘 인재를 성공적으로 영입하면 기존 직원들을 신사업에 재배치하지 않아도 된다. 게다가 비용과 시간이 많이 드는 M&A를 하지 않고도 충분히 새로운 사업을 시작할 수 있다.

하지만 사업 리더급이 아닌 사람을 채용한다면 역량이 확보되었다고 보기 어렵다. 물론 채용하지 않는 것보다 훨씬 낫겠지만, 아무나 데려와도 괜찮다는 뜻은 아니다.

실제로 성공한 사장들은 핵심 인재를 영입하기 위해 평소에도 인재들과 교류하며 꾸준히 노력한다. 핵심 인재는 공개된 채용 시장에서 이직하는 경우가 드물다. 주로 지인 등을 통해 새로운 기회를 찾는다. 이들은 어떤 계기가 있어야만 이직하기 때문에 오랜 시간 꾸준히 기회를 엿봐야 한다. 특히 경영진이 직접 채용 과정에 참여한다면 인재를 영입하기 훨씬 수월하다. 그래서 잘되는 사장들은 수첩에 영입하고 싶은 인재들을 틈틈이 적어둔다.

핵심 인재를 채용하는 데는 오랜 시간이 걸릴 수 있다. 하지만 새로운 영역에서 역량을 확보할 수 있는 효과적인 방법인 만큼 끝까지 포기하지 말아야 한다.

③ M&A

지금까지 살펴본 '초기 경험 쌓기'나 '핵심 인재 채용'은 역량을 확보하는 데 시간이 다소 걸릴 수밖에 없다. 그러나 M&A는 상대적으로 빠르게 역량을 확보할 수 있다. 특히 새로운 사업을 시작할 때 발생하는 불확실성도 줄일 수 있어, 낯선 영역에서 필요한 역량을 확보하는 수단으로 매우 유용한 선택지다.

• 공간 대여 매칭 플랫폼 스페이스마켓의 M&A 사례

M&A로 필요한 역량을 확보한 대표적인 사례로 공간 대여 매칭 플랫폼 사업을 하는 스페이스마켓을 들 수 있다.

이 기업은 임대 공간 운영 대행사인 '스페이스몰'을 자회사로 편입했다. 인수 이후 스페이스마켓은 임대 공간 운영을 고려하는 개인이나 기업에 실무적인 조언은 물론, 운영 전반을 지원하는 통합 시스템까지 구축할 수 있게 되었다.

두 회사 모두 공간 임대 분야에 속해 있지만 갖춘 역량은 달랐다. 스페이스마켓은 매칭 플랫폼 중심의 조직 구조를 가지고 있다. 즉, 엔지니어, 마케터, 임대 공간 활용을 원하는 기업 대상의 영업 인력으로 구성되어 있다. 반면 스페이스몰은 임대 공간 실무 운영 인력과 공간 소유주를 대상으로 하는 영업 인력 중심의 조직이다.

물론 스페이스마켓이 자체적으로 비슷한 사업을 전개할 수 있었다. 하지만 필요한 시간과 성공 가능성을 따져보았을 때 M&A가 더 나은 선택이라는 결론에 도달했다.

사실 두 회사는 인수 전부터 거래를 하고 있었고, 경영진 사이에 신뢰가 깊었다. 또한 두 기업이 지향하는 목표와 업무 문화가 비슷했기에 M&A가 성공적으로 이뤄졌다.

이 사례는 M&A가 단순히 빠른 역량 확보 수단일 뿐 아니라, 리스크를 줄이면서 사업 확장의 속도를 높일 수 있는 전략적 선택지임을 보여준다. 나아가 두 기업의 문화와 신뢰가 뒷받침된다면 더욱 성공적인 결과를 만들 수 있다는 점도 시사한다.

• 뛰어난 사업가는 작게 인수해 크게 키운다

M&A에는 언제나 리스크가 따른다. 인수한 기업의 역량이 기대에 못 미치거나, 다른 조직 문화로 인해 핵심 인재가 이탈하는 경우도 있다. 심지어 사업 계획이 어그러져 막대한 손해로 이어지는 일도 적지 않다.

이러한 리스크를 줄이는 방법으로 '소규모 M&A', 즉 스몰딜 small deal 을 추천한다. 특히 M&A의 목적이 '필요한 역량을 확보하거나 새로운 영역에 빠르게 진입하는 것'이라면 이 방법은 매우 효과적이다.

스몰딜에서 가장 중요한 점은 인수 대상 기업의 경영진과 신뢰 관계를 형성할 수 있느냐이다. 인수 금액이 크든 작든, 인적 자원에 의존하는 사업일수록 이 관계가 사업의 성패를 좌우한다.

인수 후 핵심 인재가 이탈하면 애써 확보한 역량은 무용지물이 된다. 이를 방지하려면 인수 전에 목표를 명확히 공유하고, 조직 문화를 서로 이해해야 한다. 또한 인수 이후에도 경영진이 계속 남아 일하고 싶을 만한 명확한 이유를 제시해야 한다.

단순히 실적에 따라 추가로 보수를 지급하는 '언아웃 earn-out' 같은 계약 조건만으로는 그들의 동기를 유지하기 어렵다. 오히려 인수 이후에 가능한 기회를 주는 것이 더 효과적이다. 가령 모회사에서 중요한 직책을 맡기거나, 이전에는 하지 못했던 투자를 진행할 수 있도록 도우면 경영진의 열정을 유지할 수 있다.

스몰딜은 작지만 확실한 전략이다. 특히 대기업 입장에서는 신규 사업을 검토하는 비용보다 스몰딜 비용이 더 적게 들 때도 있다. 그러니 역량을 빠르게 확보하고 싶다면 스몰딜을 고려해보라.

사장의 수첩에는 이렇게 쓰여 있었다.

속도와 리스크를 동시에 계산하라. 빠르게 성장하려면 리스크를 감수해야 하고, 안전하게 가려면 시간이 걸린다. 원하는 방향에 맞는 전략을 준비하라. 그리고 되도록 이 둘의 균형을 잡아라.

사업은 밖에서 보는 것과
안에서 보는 것이 다르다

소수 지분 투자는 경영권을 확보하지 않는 선에서 특정 기업의 주식을 일부 보유하는 방식이다. 단순한 재무 투자와 달리, 이 방식은 전략적 제휴를 강화하거나 주요 정보를 획득하는 수단으로도 활용된다.

이번에는 아카츠키의 사례를 통해 소수 지분 투자가 어떻게 신사업의 발판이 될 수 있는지 살펴보자. 더불어 자사의 핵심 역량을 M&A에 효과적으로 접목한 사례도 살펴보겠다.

신사업 기회를 넓히는 무기, 기업형 벤처캐피털

아카츠키는 게임과 만화를 중심으로 성장해온 엔터테인먼트 기업이다. 하지만 이 회사는 그 시장에만 머무르지 않았다. 신사업 기회를 넓히기 위해 '기업형 벤처캐피털[CVC]'이라는 무기를 선택했다.

기업형 벤처캐피털이란 기업이 전략적 목적을 가지고 스타트업에 자금을 투자해 미래 성장 동력을 확보하고, 신사업과의 연결고리를 마련하는 방식을 말한다.

현재 아카츠키는 두 개의 펀드를 운용 중이다.

- 약 60억 엔 규모의 '하트 드리븐 펀드'
- 약 50억 엔 규모의 '다운 캐피털'

이 펀드들의 목적은 단순히 수익 창출이 아니다. 아카츠키의 비전과 방향성을 함께할 수 있는 잠재적 파트너 발굴이 핵심 목적이다.

• CVC는 어떻게 운영되는가

아카츠키는 '세상을 즐겁게 만들자. 크리에이터와 함께하자'라는 비전을 지닌 기업이다. CVC 운영 또한 이 비전을 함께 실현할 수 있는 파트너를 찾기 위해 시작했다.

이 기업이 운용하는 펀드 중 하트 드리븐 펀드는 아카츠키 본사가 직접 투자하는 형태로 운용된다. 반면, 다운 캐피털은 자회사로 분리되어 있으며, 아카츠키는 이 펀드의 100% 유한책임투자자$^{\text{Limited Partner}}$로 참여한다. 펀드의 운용은 아카츠키 이사인 이시쿠라가 무한책임운영자$^{\text{General Partner}}$로서 전담하고 있다.

다운 캐피털은 투자 여부를 결정할 때 아카츠키 본사의 이사회를 거치지 않는다. 내부에서 바로 의사결정을 내려서 보다 빠르고 유연한 투자가 가능하다. 일반적으로 이사회를 거치면 게임이나 만화 등 기존 주력 사업과의 시너지 여부를 우선 검토하게 된다. 그러나 다운 캐피털은 독립 구조를 갖추고 있어 그런 제약 없이 전략적 판단을 내릴 수 있다.

• **가슴이 뛰는 곳에 투자하라**

아카츠키의 투자 원칙은 단순하다. 바로, 가슴이 뛰는 사업에 투자한다. 물론 투자 결정을 내리기 전에는 철저한 조사와 실사$^{Due\ Diligence}$를 거친다. 하지만 최종 판단이 어려울 때는 언제나 이 원칙으로 돌아가 다시 생각한다.

나아가 아카츠키는 투자할 때 특정 분야에만 얽매이지 않는다. 그 덕분에 일반 벤처캐피털이라면 놓치기 쉬운 스타트업에도 투자해 수익을 올렸다.

• **CVC를 운영하며 얻은 전략적 수익**

아카츠키에도 재무 수익 목표는 당연히 존재한다. 하지만 여기에서는 전략적 수익을 살펴보겠다.

① **정확한 정보 습득**

아카츠키는 CVC를 운영하며 투자 전후로 얻게 되는 정보의 양과 질에서 큰 변화를 체감했다. 이를 잘 보여주는 일화가 있다.

한때 비트코인 가격이 급등하면서 블록체인 게임이 차세대 유망 산업으로 주목받았다. 당시 여러 기업이 해당 사업을 고민했고, 아카츠키 역시 CVC를 운영하며 싱가포르 기업 등 다양한 경로로 블록체인 게임에 대한 심도 깊은 정보를 입수했다.

그러나 아카츠키의 선택은 예상 밖이었다. 블록체인 게임 사업을 하지 않기로 결정한 것이다. 정확한 정보를 얻었기에 가능했던 판단이었다. 아카츠키는 이 밖에도 AI, 버추얼 유튜버, 메타버스 등 자사 주력 사업과 거리가 먼 분야에서도 깊이 있는 정보를 얻었다.

소수 지분 투자자에 그치지 않고, 공동으로 사업을 추진하면 얻을 수 있는 정보의 깊이도 달라진다. 단순히 월간 보고를 받을 때에는 절대 얻을 수 없던 정보를 얻게 되는 것이다. 이처럼 CVC는 정보 측면에서 실로 막강한 무기가 될 수 있다.

② 관계성 강화

아카츠키는 만화 사업에서 주요 거래처 중 하나인 후모어^{Whomor}에 투자했다. 자본 업무 제휴를 맺어 관계를 전략적으로 강화한 것이다.

이러한 투자는 장기적인 협업과 신뢰 형성에 무게를 둔다. 그러면 M&A가 필요할 때 유력한 후보군을 미리 확보할 수 있다.

• 게임 기업이 투자처를 키우는 비결

아카츠키는 단지 정보를 얻기 위해 투자하지 않는다. 각 투자처에 실질적인 가치를 제공하며 관계를 더욱 견고히 다진다. 대표적인 예로 세 가지가 있다.

① **전문 지식 제공**

아카츠키는 글로벌 게임 서비스를 운영하며 세계 최고 수준의 보안 역량을 갖추었다. 그리고 수많은 보안 공격에 대응하며 쌓은 전문 지식을 투자처에 전수한다. 가령 보안 시스템 구축이나 사고 대응 노하우 등을 아낌없이 공유하며, 투자 기업의 전반적인 기술 수준을 끌어올리기 위해 힘쓴다.

보안 분야 외에도 경영, 네트워크 등 다양한 영역의 지식과 경험을 공유하며 투자처의 성장을 실질적으로 지원하고 있다.

② **스타트업 경영 지식 제공**

급성장한 스타트업인 아카츠키는 인사, 홍보, 자금 조달 등 스타트업 경영에 필요한 노하우를 풍부하게 갖고 있다. 스타트업 경영진 입장에서는 언제든 조언을 구할 수 있는 든든한 조력자인 셈이다.

실제로 아카츠키는 핫요가와 필라테스 매장을 운영하는 기업에 투자하며 자금 조달을 도왔다. 창업 13년 차를 맞은 이 회사는 매출 약 30억 엔, 영업이익 3억 엔 수준으로 성장했지만, 더 빠르게 확장하기 위해 신규 매장을 늘릴 계획이었다. 문제는 약 20억 엔 정도의 자금이 필요하다는 점이었다.

이때 아카츠키가 투자를 결정했고, 해당 기업의 대표와 함께 여러 은행을 찾아다니며 직접 자금 조달을 도왔다. 이후 기업은 매장 수를 늘리며 순조롭게 성장하고 있다.

이 사례는 아카츠키가 투자처의 자금 조달을 지원한 대표적인 예일 뿐 아니라, 동시에 아카츠키 역시 새로운 분야의 사업 지식을 얻은 기회이기도 하다.

③ 네트워크 제공

제품 판매에 주력하는 기업의 경우 유통 채널이 사업 성패를 좌우할 만큼 중요하다. 아카츠키는 대형 유통업체, 편의점 등 다양한 대기업과 폭넓은 네트워크를 형성하고 있다. 그래서 투자처가 필요로 하는 분야의 핵심 인사를 연결해주기도 한다.

사실 스타트업은 새로운 고객에게 직접 영업하기 쉽지 않다. 하지만 신뢰할 만한 기업이 소개해주는 상황이라면 처음 문을 두드리는 일도 훨씬 수월해진다.

CVC는 무엇을 남길까?

아카츠키가 CVC를 운영하며 얻은 효과는 매우 다양하다. 이번에는 아카츠키가 실제로 어떤 가치를 얻었는지 하나씩 짚어보자.

- **정보, 지식, 역량**

아카츠키는 CVC를 통해 아직 사업 경험이 없는 다양한 분야의 정보와 지식을 확보할 수 있었다. 나아가 자사의 역량도 키울 수 있었다. 앞서 여러 번 말했듯, 사업의 성패는 결국 자사의 역량에 달려 있다.

따라서 완전히 새로운 영역으로 진출하고 싶다면 그 분야에 맞는 역량을 확보하기 위해 다양한 투자를 해야 한다.

새로운 영역을 모색하기 위한 정보, 인사이트의 기반인 지식, 경쟁력이 되는 역량. 이를 얻기 위해 기업은 어떻게 CVC를 활용하면 좋을까?

① 투자 전, 정보가 몰리는 위치에 서라

특정 영역에 투자할 의향이 있다는 사실을 주변에 알리면 다양한 정보가 자연스럽게 들어온다. 아예 투자 활동을 하지 않을 때와 비교하면 그 정보의 양과 질은 완전히 다르다.

투자자는 정보의 집합지가 될 수 있다. 실제로 사업가가 강력한 협상력을 가진 분야를 제외하면, 대체로 투자자의 영향력이 더 크다. 특히 해외에서 이런 경향이 더욱 뚜렷하다.

하지만 주의할 점도 있다. 만약 다른 기업이 주도하는 투자에 단순히 숟가락을 얹는 정도로만 참여하거나, 투자 기회를 주도적으로 확보하려는 노력이 부족하다면, 얻을 수 있는 정보와 지식은 제한될 수밖에 없다.

② 투자 후, 적극적으로 움직여 최대한 많이 얻어라

투자하기 전에는 기업의 핵심 정보를 얻는 데 한계가 있다. 자금 조달, 경영 전략 같은 민감한 사안은 정말 가까운 소수에게만 공유되기 때문이다.

하지만 투자하고 나면 이야기는 달라진다. 주주로서 세부 정보나, 외부에 알려지지 않은 부정적 이슈까지도 접할 수 있게 된다. 적극적으로 움직이면 그 폭은 더 넓어진다. 예를 들어, 옵서버 시트(observer seat)를 확보하거나, 일정 지분 이상을 확보하면 이사를 파견할 수도 있다.

결국 '얼마나 적극적으로 참여하느냐'에 따라 정보의 수준이 달라진다. 단순히 지분만 보유한 채 보고서만 받는다면 얻을 수 있는 것은 재무 수익뿐이다.

사업가에게 수익보다 더 중요한 것은 역량이다. 정보만 얻는 것으로는 부족하다. 역량은 직접 몸으로 부딪히며 쌓아야 한다.

나 역시 투자처에 "이 분야를 배우고 싶은데 영업 미팅에 함께 가도 될까요?", "수습사원으로 잠깐 일해볼 수 있을까요?"라며 부탁한 적이 있다. 이처럼 적극적으로 움직여야 역량까지 쌓을 수 있다.

- **관계성 강화**

꼭 주주가 아니어도 얼마든지 협력할 수 있다. 하지만 경험상, 직접 투자한 회사일수록 더욱 주도적이고 책임감 있게 움직이게 된다. 내부적으로도 "다른 회사보다 우리 투자처와 협력해야 한다"라는 공감대가 형성되어 협력 관계도 훨씬 단단해지곤 한다.

물론, 투자를 받는 기업 입장에서는 상황이 다르다. 가령 상대가 지분을 0.5%만 보유했다면 그 존재만으로 자사의 전략을 바꾸진 않는다.

여기서 중요한 점은 투자가 곧 협력을 보장하지 않는다는 사실이다. 투자하기 전에 협력한 적 없다면, 투자한 후에도 시너지가 발생하지 않을 수 있다. 때론 경영진끼리는 대화가 잘 통해도, 실무자들 사이에서는 오히려 마찰이 생기기도 한다. 이는 단순한 지분 투자뿐만 아니라 M&A에서도 마찬가지다.

왜 그럴까? 많은 기업이 실무 운영까지 충분히 고려하지 않은 채 투자나 협력을 추진하기 때문이다.

참고로, 석유처럼 독과점화된 산업에서는 투자할 때 계약서에 '타사와 협력하지 않는다'라는 조항이 포함될 때도 있다. 그리고 투자자 측의 영향력이 강하거나, 특별한 기대 조건이 있는 경우에는 '자금 사용 목적' 등 구체적인 특약을 명시하기도 한다.

• **투자 전략**

투자할 때에는 '왜 우리가 이 투자를 할 수밖에 없는가?'에 대한 답이 명확해야 한다. 아카츠키가 찾은 답은 '두근거림'이었다.

겉으로 보기엔 단순한 감정처럼 보일 수 있다. 특히 엔터테인먼트 산업에 익숙하지 않은 사람이라면 더더욱 그렇다. 하지만 이때의 '두근거림'은 감정이 아니라, 인사이트에 가깝다.

뒤에서 더 자세히 다루겠지만, 인사이트는 배경지식을 알아야 얻을 수 있다. 배경지식이 없는 사람은 같은 현상을 보고도 그 의미를 알아차리지 못한다. 결국 두근거림은 그들의 깊은 인사이트를 상징하는 것이다.

이런 전략 덕분에 아카츠키는 다른 벤처캐피털이 쉽게 지나쳤을 사업에도 투자할 수 있었다. 예를 들어, 매장 기반 사업은 일반적으로 벤처캐피털이 꺼리는 분야다. 초기 투자금이 크고, 인력과 시간이 많이 들어 빠르게 성장하기 어렵기 때문이다.

하지만 아카츠키는 매장 기반 기업에 일찍이 투자했다. 당시엔 다소 비합리적인 선택으로 보였지만 결과는 좋았다. 이처럼 '남들이 미처 눈치채지 못한 투자 기회를 먼저 알아보는 것'이 이 기업의 투자 전략이다.

또 다른 전략은 기존 사업과의 시너지다. 예를 들어, 어느 의류 대기업은 한 의류 기업의 지분 51%를 인수해 자회사로 편입시켰다. 이후 인수된 기업은 채널 확대와 자금 조달에 힘썼고, 상장까지 성공했다.

다만 스타트업과 대기업은 의사결정 구조나 문화가 많이 다르다. 그러다 보니 협력할 때 스타트업의 장점인 빠른 실행력이 떨어질 수 있다. 따라서 이때는 '밀착형'보다 '느슨한 연계'가 더 낫다.

예컨대 R&D(연구개발)는 긴밀하게 협력해야 하지만, 판매 채널 같은 부분은 적당히 거리를 두는 편이 좋다. 이런 경우에는 스타트업이 매력적인 상품을 만들고, 모기업은 판매와 마케팅을 맡는 분업형 협력이 바람직하다.

• 투자처에 어떤 가치를 제공할 것인가

CVC를 만들 때 반드시 나오는 질문이 있다. "우리는 투자처에 자금 외에 어떤 가치를 줄 수 있는가?"다. 이 질문에 대한 답은 생각보다 중요하다. 현재 시장에는 자금만 대는 투자자가 넘쳐난다. 반면, 투자처의 성장까지 도와줄 역량을 갖춘 파트너는 드물다. 그래서 전도유망한 기업일수록 "이 투자자가 우리를 어떻게 키워줄 수 있을까?"를 먼저 살펴본다.

CVC가 '전략적 투자'인 이유도 여기에 있다. 자금에 더해 지식과 역량 등 자사의 자산을 나눌수록 시너지는 커지고, 관계도 더욱 깊어진다.

① 주요 역량을 활용한 기업 가치 향상

기존 사업의 핵심 역량을 투자처에 제공하는 방식은 매우 효과적이다. 단, 마케팅, 영업, 기획, 생산, 경영 관리처럼 경쟁력을 확실히 키울 수 있는 핵심 역량이어야 한다.

이런 협업이 실현되려면 경영진의 의지뿐 아니라, 실무 책임자 간의 동의도 필요하다. 이 방식은 양측 모두에게 상당한 업무 부담을 주기 때문이다.

② 지식 및 네트워크 제공

아카츠키는 보안이나 경영 관련 지식, 스타트업이 혼자서 얻기 어려운 네트워크까지 제공해준다.

나 역시 개인 투자자에게 투자받은 경험이 있다. 당시 정기적으로 미팅을 하며 세 가지를 얻었다. 첫째, 건강한 긴장감을 주는 긍정적 압박, 둘째, 핵심 고민을 해결하는 통찰력, 셋째, 혼자서는 만들 수 없는 네트워크다. 이 세 가지는 돈보다 훨씬 값진 자산이었다.

M&A는 사업 확장의 지름길

뛰어난 사업가는 핵심 역량을 M&A에 투입한다. 실제로 투스톤&선스는 엔지니어 매칭이라는 주력 사업을 더 키우기 위해 과감하게 M&A에 나섰다. 단순히 회사를 사들이는 것이 목적이 아니었다. 인수한 기업에 자사의 강점을 투입해 가치를 끌어올리겠다는 전략이었다.

그들이 자신감을 가졌던 이유는 명확하다. 영업과 경영 관리라는 자사의 핵심 역량이 인수 기업에 큰 힘을 주리라고 본 것이다. 그리고 실제 결과도 이를 증명했다. 인수 이후, 해당 기업의 영업 구조는 더 체계적으로 정비됐고, 인재 확보 능력도 눈에 띄게 향상되었다. 그뿐만 아니라 자사 경영 시스템과의 통합도 매끄럽게 진행되었다.

결국 투스톤&선스는 M&A를 통해 사업 확장뿐만 아니라, 인수 기업의 가치까지 끌어올린 셈이다.

• 현실적인 M&A 기준이 회사를 키운다

M&A는 사업을 빠르게 확장할 수 있는 강력한 전략이다. 따라서 자사의 역량을 충분히 발휘할 수 있고, 경영 체제를 쉽게 통합할 수 있는 유사한 업종이라면 적극적으로 검토해야 한다.

물론 M&A에 적합한 이상적인 조건들이 있다. 예컨대 다음과 같은 조건들이다.

- ☐ 특정 인물에 의존하지 않는 안정적인 운영 구조를 갖췄다.
- ☐ EBITDA(이자, 세금, 감가상각비 차감 전 이익) 배율 X배 이내(X는 자사 기준에 따름)의 가격으로 인수할 수 있다.
- ☐ 강한 경쟁력을 갖췄다.
- ☐ 자사가 주목하는 시장 안에 있다.

그러나 이러한 조건을 모두 충족하는 기업은 극히 일부다. 경험상, 설립된 지 얼마 되지 않았고 인수 금액이 100억 원 이하인 기업 가운데 '핵심 인재 없이도 안정적으로 운영되는 시스템'을 갖춘 곳은 거의 없다.

성장의 원동력은 핵심 인재에게 있다. 이런 인물을 제외하고도 변함없이 가치를 유지할 회사를 찾겠다는 것은 무리다. '한 인물에게 의존하더라도, 강한 신뢰를 바탕으로 함께 성장할 수 있다면 괜찮다'는 식으로 기준을 바꾼다면 인수 가능한 기업의 수는 훨씬 많아질 것이다.

사장의 수첩에는 이렇게 쓰여 있었다.

투자로도 사업을 확장할 수 있다. 단, 투자할 때는 기업 밖에서 기회를 보면 안 된다. 안에 들어가 기회를 만들어야 한다.

돈을 버는 것은 예술이고, 일하는 것도 예술이며,
훌륭한 사업이야말로 가장 뛰어난 예술이다.

- 앤디 워홀

3장

이 시장에 정말 뛰어들어도 괜찮을까?

지금까지 어떤 영역에 진출해야 할지 역량을 중심으로 살펴보았다. 하지만 아무리 잘할 수 있는 분야라 해도, 시장 자체가 유망하지 않다면 이야기는 달라진다.
이 장에서는 현재 검토 중인 시장이 실제로 성장 가능성이 있는지, 진짜로 들어갈 만한 곳인지 판단하는 방법을 알아보겠다.
또한 성공한 사업가들이 어떤 방식으로 시장을 조사하고, 최신 정보를 어떻게 전략적으로 활용하는지도 자세히 살펴볼 것이다.
사업에서 정보는 곧 무기다. 특히 빠르게 변하는 시장일수록 정확한 정보가 성패를 가른다.

시장을 제대로 읽지 못하면
결국 시장에서 사라진다

사업 영역은 신중하게 정해야 한다. 그래서 성공한 사장들은 사업을 검토할 때 다음 요소들을 매우 중요하게 살펴본다.

- 자사 역량과의 거리감
- 사내 지지
- 시장 규모(시장 환경, 성장률)
- 경쟁 환경
- 구조적 변화
- 초기 인사이트

여기서는 조사로 확인할 수 있는 '시장 규모', '경쟁 환경', '구조적 변화'에 대해 집중적으로 다뤄보겠다.

참고로 '사내 지지'는 설득을 통해 어느 정도 확보할 수 있다. 하지만 경영진이 끝내 "왜 이 사업을 해야 하지?"라는 의문을 지우지 못한다면 조직을 움직이기 쉽지 않다. 따라서 내부에서 이해할 만한 사업을 선택하는 것도 중요하다. 그래야 내부 자원을 낭비하지 않고 효율적으로 활용할 수 있다.

'시장'이란 무엇인가?

'영역'과 '시장'은 얼핏 모두 아는 말 같지만, 실제로 그 차이를 명확히 설명하긴 어렵다. 이 책에서는 두 개념을 다음과 같이 구분한다.

- 영역: 특정 조건에 따라 설정된 사업의 경계 안을 말한다. 일반적으로 통용되는 범위일 필요는 없으며, 아직 거래가 이루어지지 않았어도 상관없다.
- 시장: 영역 안에서 실제로 상품이나 서비스가 거래되고 있으며, 사회적으로 통용되는 범위를 말한다.

시장은 생각보다 정의하기 어려운 개념이다. 가령 '영어 교육 시장'만 해도, 단순한 학원 간 경쟁을 넘어 교재, 플랫폼, 콘텐츠 기업까지 얽힌 복잡한 구조를 띠고 있다.

문제는 '경계'를 어디까지 볼 것이냐는 점이다. 예를 들어 '일대일 영어 교육'은 하나의 서비스일까, 아니면 독립된 시장일까? 이에 대한 해석은 사람마다 다르다. 그래서 종종 "처음엔 시장조차 없었는데 우리가 만들었다"라고 말하는 사업가들도 있다. 하지만 이는 대개 시장 개념을 지나치게 세분화해서 본 결과에 가깝다.

전략적으로 시장을 분석하려면 혼자만의 기준이 아닌 통용되는 정의를 써야 한다. 그래야 의미 있는 데이터를 얻고, 합리적인 판단이 가능하다.

이 시장에서 얼마나 벌 수 있을까?

시장 규모는 소비자가 특정 상품이나 서비스에 1년 동안 지출한 금액의 총합을 의미한다. 기업 입장에서 보면 이는 해당 시장의 전체 연간 매출 합계와 같다. 이 수치는 기업이 해당 시장에서 달성할 수 있는 매출의 상한선을 가늠하는 기준이 된다.

예를 들어, 영어 교육 시장을 살펴보자. 일본 영어 회화 학원의 시장 규모는 약 1,650억 엔이다. 단순하게 보면, 이 시장에서 매출이 1,650억 엔을 넘기는 어렵다. 다시 말해, 이 시장에서 10%, 즉 160억 엔의 매출을 낸다면 매우 높은 점유율을 차지하는 셈이다.

작은 시장을 선택하는 순간 미래 매출의 한계도 함께 결정된다. 아무리 열정이 커도 시장이 작으면 매출도 제한적일 수밖에 없다. 따라서 회사를 어디까지 성장시킬 것인지 목표를 세울 때, 그 목표가 시장 규모와 맞는지 반드시 따져봐야 한다.

시장 규모의 한계를 극복할 수 있을까?

현재의 시장 규모는 중요하지 않다고 말하는 사람도 있다. 홍보와 마케팅을 잘하면 시장을 키울 수 있다고 믿기 때문이다.

물론 환경이 바뀌면 시장 규모도 커질 수 있다. 하지만 그걸 자사 노력만으로 이루려면 상당한 투자와 불확실성을 감수해야 한다.

예를 들어, 승차 공유 서비스 시장을 키우겠다고 해보자. 그러려면 막대한 마케팅 비용이 들고, 기술 개발과 플랫폼 인프라 구축에도 투자해야 한다. 당연히 시간도 오래 걸린다. 그런데 투자한다고 해서 반드시 성공한다는 보장은 없다.

만약 적은 비용으로 시장을 키울 수 있다면, 굳이 경쟁이 치열한 곳에서 싸울 필요 없다. 작은 시장을 선택해 점유율을 높이며 성장하면 된다. 그러나 현실에서 그런 사례는 거의 없다.

시장 규모를 키우려면 기존의 '비소비자'를 '소비자'로 바꿔야 한다. 이를 위해서는 뛰어난 상품 기획력과 판매 능력이 필요하다. 당연히 이때 대규모 투자가 이뤄져야 한다.

"사업을 시작할 땐 시장이 작았지만, 곧 커질 거라 믿고 뛰어들었더니 실제로 시장이 커졌다"라고 말하는 사업가들도 있다. 그 말에서 우리 회사가 온전히 시장을 키웠다는 뉘앙스가 느껴지기도 한다.

하지만 시장을 키우는 일은 단순하지 않다. 시장 규모는 대부분 환경 변화에 따라 달라진다.

구조적 변화를 기회로 삼아라

구조적 변화란, 특정 업계나 시장에서 변화가 생겨 고객의 행동이 크게 바뀌는 현상을 말한다.

시장 환경은 끊임없이 변하고, 고객의 행동도 그에 따라 달라진다. 당연히 기업은 이런 변화에 적응하려 애쓴다. 하지만 규모가 클수록 변화에 발빠르게 대응하기 어렵다.

이때 시장에 틈이 생긴다. 바로 그 틈이 신규 진입자에게는 절호의 기회다. 이 틈새를 빠르게 파고드는 것이야말로 신사업의 기본 전략이다.

• 잘되는 회사 사장의 수첩에는 '언젠가'라는 단어가 없다

구조적인 변화를 포착하려면 인사이트를 찾을 때처럼 접근해야 한다. 예를 들어, '1인 가구 증가'라는 사회적 변화를 포착했다고 해보자. 이때 '앞으로 배달 업계도 1인 고객에 맞춰 구조가 재편될 것'이라고 해석한다면 새로운 사업 기회로 이어질 수 있다.

이런 판단은 현재 상황과 배경지식을 결합해 추론하는 과정에서 얻게 된다. 그 판단이 타당한지는 거시적 데이터로 입증할 수 있지만, 때로는 입증이 어려운 경우도 있다. 그럴 땐 스스로의 판단을 믿어야 한다.

다만, 구조적 변화의 방향이나 시기를 잘못 판단하면 치명적인 실패로 이어질 수 있다.

예를 들어, 단지 '공간 공유 서비스가 성장할 것이다'라는 언론 기사만 믿고 사업을 시작했다고 가정해보자. 만약 그 시장이 5년 동안 성장하지 않는다면 어떻게 될까? 5년이라는 시간은 사업가가 열정을 잃기에 충분하다. 구조적인 변화를 기대하며 진입했다면 열정이 꺼지기 전인 2년 안에 확실한 변화가 일어나야 한다.

구조적 변화의 시기와 시장 규모를 잘못 판단한 많은 기업이 "언젠가는"이라는 말만 외치다가 실패했다. **그러나 성공한 사장의 수첩에는 '언젠가'라는 말이 없다.**

구조적 변화가 보이지 않는다면 억지로 사업을 밀어붙이지 마라. 평소 정보를 수집해두고, 변화에 확신이 들 때 곧장 진입하는 것이 더 합리적인 전략이다.

• 변화의 흐름을 계속 타야 하는 이유

구조적 변화가 장기간에 걸쳐 일어난다면 어떨까? 그러면 그 흐름 속에서 더 많은 인사이트를 발견하고, 여러 사업을 연이어 시작할 수 있다.

의류 기업 유토리는 Z세대가 SNS에서 개성 있는 브랜드를 찾아 소비하는 흐름을 정확히 포착했다. 그리고 이 변화를 기회로 삼아 패션 사업을 시작했고, 이어 화장품 사업까지 확장해 성과를 거뒀다. 이처럼 자사의 역량을 바탕으로 소비자의 구매 행동 변화에 대응할 수 있는 시장을 찾는다면, 언제든 새로운 사업을 할 수 있다.

사업가로 성공하고 싶다면 큰 구조적 변화에 재빠르게 반응해야 한다. 인터넷 광고의 부상, 스마트폰의 대중화처럼 구조적인 변화는 항상 새로운 기업과 산업을 만들었다. 이런 흐름을 일찍 포착하고 올라탄 사업가는 끊임없이 도전과 성공을 반복할 수 있다.

기억해야 할 점은 하나다. **변화는 늘 새로운 기회를 만든다.** 그 흐름을 놓치지 않고 계속 타는 것이 중요하다.

• 업계 1위가 기회를 놓치는 이유

놀랍게도 업계 1위 기업은 구조 변화가 만든 기회를 종종 놓치곤 한다. 조직이 크고 복잡할수록 조직 구조를 바꾸기 어렵기 때문이다. 그래서 자본 투자, 제휴, M&A 같은 방식으로 변화에 대응하려 한다. 새로운 경쟁자가 들어오는 것을 막고, 자신들의 체계를 그대로 유지하려는 전략이다.

이때 신규 사업자는 대기업에 지분을 매각하는 전략을 고려할 수 있다. 성공적으로 협상이 이뤄지면 꽤 높은 가격에 성사되기도 한다. 대기업 입장에서도 전략적으로 꼭 인수해야 하는 경우가 많기 때문이다. 그러다 보니 최근에는 수백억 원대의 M&A 사례가 눈에 띄게 늘고 있다.

• 프레임워크를 사용해야 할까?

사업을 준비하다 보면 수많은 프레임워크를 접하게 된다. 대표적인 예는 다음과 같다.

□ PEST 분석: 외부 환경을 정치, 경제, 사회, 기술 4가지 측면에서 분석하는 기법이다. 주로 거시적인 환경 변화가 산업이나 기업 전략에 미치는 영향을 파악할 때 사용한다.

□ 5 forces 분석: 업계 내 경쟁 강도를 공급자, 구매자, 대체재, 신규 진입자, 기존 경쟁자 5가지 요소로 분석하는 방법을 말한다.

□ SWOT 분석: 사업 전략을 수립하기 전에 강점, 약점, 기회, 위협을 정리하여 분석하는 방법이다.

□ 비즈니스 모델 캔버스: 비즈니스 모델을 핵심 파트너, 핵심 활동, 가치 제안, 고객 관계, 고객 세분화, 채널, 핵심 자원, 비용 구조, 수익 구조 9가지 요소로 정리하는 기법을 말한다. 주로 스타트업이나 신사업을 기획할 때, 또는 기존 사업 모델을 점검할 때 활용한다.

아마 이 중에 직접 활용해본 프레임워크도 있을 것이다. 그런데 대부분의 사업가는 사업을 만들 때보다 투자자에게 사업을 설명하거나, 기관에 사업 지원 보조금을 신청할 때 프레임워크를 활용한다.

사실 프레임워크를 분석하려면 많은 시간과 노력이 든다. 그러나 그에 비해 얻을 수 있는 것은 많지 않다.

가령 자동차 사업을 하는 기업에 PEST 분석을 요구한다고 해보자. 그러면 "임금 동향은 살펴봤나요? 자동차 업계에 CASE(연결성, 자율주행, 공유와 서비스, 전동화를 의미하며, 미래 자동차 산업의 트렌드를 나타냄)라는 변화가 예상된다던데, 그 부분은 조사해봤나요?"라고 질문할 수 있다. 하지만 이런 분석이 과연 사업 성장을 이끌 전략을 도출해줄까?

구조적 변화를 발견하고자 한다면 PEST의 모든 요소를 분석할 필요 없다. 구조적 변화를 일으키는 한 가지 요인만 찾으면 된다. 만약 회사 절차상 프레임워크를 반드시 써야 한다면, 먼저 프레임워크의 이론을 충분히 이해해야 한다. 온전한 이해 없이 프레임워크를 활용하면 그저 쓸데없는 조사에 힘만 빼는 셈이다. 프레임워크 창안자들도 이론을 제대로 이해하지 않고 사용하길 바라진 않을 것이다.

이론을 이해하고 시각을 넓히는 데 가장 유용한 것은 책이다. 가령 5 forces 분석을 쓸 것이라면 《마이클 포터의 경쟁전략》(프로제, 2018)은 꼭 읽어야 한다.

경쟁 환경 조사, '이길 방법'을 찾아라

경쟁 환경을 조사하는 목적은 분명하다. 진출 시장에서 어떻게 하면 승자가 될 수 있는지 초기 인사이트를 얻고 경쟁의 강도를 파악하는 것이다.

- **지피지기면 백전백승, 먼저 경쟁사를 조사하라**

경쟁 환경을 간단히 조사하는 것만으로도 전략을 세우는 데 큰 도움이 된다. 특히 다음 항목들을 살펴보면 '어떻게 하면 팔릴까?'라는 시장의 규칙을 이해하는 데 유용하다.

□ 상위 기업은 어디인가?
□ 상위 기업의 매출과 이익은 어느 정도인가?
□ 그 기업이 상위를 차지한 이유는 무엇인가?
□ 급성장 중인 기업은 있는가?
□ 그 기업이 급성장하는 이유는 무엇인가?

이 항목들을 기준 삼아 대표 기업들을 조사하면, '어떻게 하면 잘 팔릴까?', '경쟁은 얼마나 치열할까?'에 대한 기초 정보를 얻을 수 있다. 상위 기업이나 급성장 중인 기업은 고객의 마음을 사로잡는 핵심 요소, 즉 구매 결정 요인을 갖고 있다는 뜻이다. 따라서 이들을 분석해 보는 것은 필수다.

그 기업의 IR 자료, 채용 공고, 조직도 등을 보면 어떤 역량을 갖춘 조직인지 대략 파악할 수 있다. 이 조사는 가장 먼저 해야 한다. 신뢰도가 높고 전략 수립에 직접적인 영향을 미치기 때문이다. 게다가 대부분 인터넷으로도 쉽게 찾을 수 있어 접근성도 높다.

뒤에서 자세히 다루겠지만, 만약 상위 기업의 구매 결정 요인을 자사가 더 잘 충족시킬 수 있다면, 그것은 '선행자 인사이트'를 발견한 셈이다. 반대로 상위 기업이 제공하지 않는 무언가를 통해 고객에게 선택받을 수 있다면, 그것은 '고객 인사이트'를 발견한 것이다.

경쟁사 조사를 할 때 흔히 하는 실수가 있다. 유사한 아이디어를 가진 소규모 스타트업들만 나열하고 "이들이 경쟁사다"라고 생각하는 것이다. 그러고는 "경쟁사가 약하니 우리가 이길 수 있다", "비슷한 경쟁사가 없으니 블루오션이다" 같은 해석을 덧붙인다.

하지만 이런 판단은 조심해야 한다. 고객의 기대보다 낮은 수준의 제품으로 경쟁해서 이겨봐야 의미가 없다. 어쩌면 블루오션처럼 보이는 이유는 그 상품을 원하는 소비자가 없기 때문일지도 모른다. 따라서 진짜 참고해야 할 대상은 확실히 매출을 내고 있는 기업들이다. 그들이 무엇을 제공하고 있는지를 봐야 진정한 고객 수요를 파악할 수 있다.

- **분산 시장인가, 통합 시장인가?**

시장에 진입할 때는 그 시장이 분산형인지 통합형인지를 먼저 따져봐야 한다. 분산 시장은 시장 점유율이 여러 기업에 고르게 분산되어 있는 곳을 말하고, 통합 시장은 점유율이 소수 기업에 집중되어 있는 곳을 말한다.

대표적으로, 의료기기, 반도체 제조 장비, 검색엔진, OS, 플랫폼 시장은 몇몇 기업이 과점 구조를 이루고 있다. 반면 외식, 교육, 인재, 패션 시장은 작은 점유율을 가진 수많은 기업들이 존재한다.

시장의 구조는 자사의 기본 경쟁 전략을 세울 때 중요한 기준이 된다. 가령 통합 시장은 고객 충성도가 높아 기존 기업과 전혀 다른 차별점 없이는 진입하기 어렵다. 반면 분산 시장은 진입 장벽이 낮아 작은 차별점만으로도 틈새를 파고들 수 있다. 이처럼 시장 구조에 따라 사업 접근 방식도 달라져야 한다.

• 왜 맥도날드는 외식 시장의 50%를 차지하지 못할까?

맥도날드는 전 세계 어디서나 볼 수 있는 대표적인 글로벌 브랜드다. 그런데 외식 시장에서 맥도날드의 점유율은 50%를 넘지 못한다. 왜 그럴까? 외식 시장은 한식, 일식, 중식, 치킨, 분식 등 지나치게 분산돼 있기 때문이다.

시장이 분산되는 이유는 다양하다. 거리적 제약, 부동산의 한계, 소비자 취향 같은 심리적 제약이 복합적으로 작용한다.

예를 들어, 물류망이나 상권 범위의 제한은 특정 지역 이상으로 매장을 확장하기 어렵게 만든다. 또, 각자의 취향이 중요한 외식 시장이나 패션 시장에서는 하나의 브랜드가 모든 수요를 충족시킬 수 없다.

하지만 이런 분산 구조는 기술이나 규제에 큰 변화가 생길 때 무너질 수 있다. 전자상거래의 등장이 대표적이다. 온라인 쇼핑은 기존 오프라인 상권의 한계를 뛰어넘으며, 분산돼 있던 소매 시장을 빠르게 재편했다. 그 결과, 거대한 온라인 플랫폼들이 빠르게 시장 점유율을 흡수했다.

특히 소비자의 다양한 취향 때문에 시장이 분산된 경우에는 하나의 브랜드만으로 시장을 지배하기 어렵다. 그래서 어떤 기업은 여러 브랜드를 묶어 '지주회사(홀딩스)' 형태로 운영하며 점유율을 키운다.

실제로 루이비통, 크리스찬 디올, 티파니앤코 등을 거느린 LVMH처럼 다양한 취향을 아우르는 명품 브랜드 그룹이 존재한다. 외식 업계에서도 CJ푸드빌, SPC그룹, 일본의 스카이락처럼 서로 다른 콘셉트의 브랜드를 함께 운영하는 기업들이 있다.

• 딱 맞는 전략이 생존률을 높인다

통합 시장은 '승자독식'의 구조다.

통합 시장에서 통하는 전략은 단 하나, 정면 승부다. 많은 자원을 집중적으로 쏟아부어 승자의 자리를 먼저 차지해야 한다. 그래서 우버, 틱톡 같은 기업도 막대한 자금을 투입해 점유율 경쟁에 나섰다. 또한 이 시장은 고객 집단이 뚜렷하지 않고, 여러 기업이 안정적으로 공존하기도 어렵다. 따라서 자사의 강점으로 차근차근 틈새를 공략하는 식의 전략은 잘 통하지 않는다. 단기간에 시장을 장악하지 못하면 바로 밀려난다.

반면, 분산 시장에서는 사정이 다르다. 하나의 콘셉트만으로 높은 점유율을 확보하긴 어렵지만, 특정 타깃의 마음을 확실하게 사로잡는다면 안정적으로 자리 잡을 수 있다. 꼭 자금력 싸움에서 이겨야 살아남는 것도 아니다.

때론 사업 확장을 어렵게 만드는 분산 시장의 구조가 사업을 지켜주는 방패 역할을 한다.

예를 들어, 인구가 적은 소도시에서 오래 장사 중인 작은 청과물 가게를 생각해보라. 손님이 많지는 않지만, 새로 가게를 열려는 사람도 거의 없다. 상권이 작고 수익도 한정적이다 보니, 외부에서 굳이 들어오려고 시도하지 않는 것이다.

그래서 분산 시장에서는 무리하게 사업을 확장하기보다, 작더라도 명확한 타깃을 설정하고 빠르게 자리를 잡는 것이 더 효율적이다.

사장의 수첩에는 이렇게 쓰여 있었다.

작은 시장에서는 아무리 잘 커도 한계가 있다.

'언젠가' 성공할 것 같다고 무턱대고 뛰어들지 마라.

정보 없이 뛰는 사람은
금세 먹잇감이 된다

사업가는 항상 정확한 최신 정보를 얻기 위해 노력해야 한다. 정보를 얻는 방법은 다양하지만, 여기서는 실제로 성공한 사업가들이 자주 활용하는 방식을 간단히 살펴보겠다.

시장의 문을 열려면 관계자에게 물어라

믿을 만한 최신 정보를 얻는 가장 쉬운 방법은 그 분야를 잘 아는 사람에게 직접 묻는 것이다. 전문가, 업계 관계자, 예상 고객, 협력사 후보 등 물어볼 대상은 다양하다. 그렇다면 이들에게 어떻게 접근해야 할까?

1. 전문가, 업계 관계자

진입하려는 시장에 정통한 경영자나 투자자들로 구성된 커뮤니티에서 얻는 정보는 매우 유용하다. 이들은 진입 영역을 결정할 때나 선행자 인사이트를 발견할 때 중요한 단서를 제공한다. 특히 자사 혹은 자신이 투자 관계자일 경우, 접근할 수 있는 정보의 양과 질이 훨씬 높아진다.

경영자와 투자자 커뮤니티에서는 외부에 공개되지 않는 정보가 활발히 오간다. 그래서 이들 커뮤니티에서 얻는 정보를 전략적으로 활용하는 사업가와 투자자가 많다.

단, 커뮤니티로부터 정보를 얻기 위해 반드시 기억해야 할 세 가지가 있다.

① 커뮤니티와 공유하라

중요한 정보를 커뮤니티에 먼저 공유하면 훗날 더 결정적인 정보로 되돌아온다. 또한 다른 커뮤니티에 초대받을 기회도 자연스럽게 늘어난다. 반대로 주는 것 없이 정보만 얻으려고 하면 관계가 끊어지기 쉽다. 따라서 정보를 주고받으며 신뢰를 쌓는 것이 중요하다.

② 자신의 생각을 알려라

무슨 사업을 하고 싶은지, 지금 무엇을 하고 있는지 주변에 알리면 양질의 커뮤니티로 연결될 확률이 높아진다. 실제로 나는 "M&A 관련 사업을 준비 중입니다. 이런 식으로 접근하면 차별화가 가능합니다"라고 알리고 나서, 많은 사람의 소개를 받았다. 때로는 업계의 핵심 인물과 연결되는 기회도 생긴다.

③ 성과를 낸 사람들과 관계를 맺어라

모든 커뮤니티가 유용하진 않다. 의미 없는 커뮤니티만 늘어나면 오히려 피로감만 쌓인다. 스스로 경쟁력을 갖추면 식견이 깊은 경영자 및 투자자와 자연스럽게 연결될 수 있다.

실제로 성공한 사업가들은 대부분 성과를 낸 사람들과 정보를 주고받는다. 특히 새로운 업계에 진출할 때는 그 업계에서 뛰어난 실적을 낸 사람들과 대화할 기회를 만들고, 경쟁사의 강점과 업계 관행을 파악한다.

나 역시 완전히 낯선 업계에 진입할 땐 항상 업계 전문가와 함께 진행했다. 그 분야의 길잡이가 되어줄 어드바이저와 함께하면 혼자서 사업을 준비할 때보다 훨씬 효율적이다.

2. 협업 후보 기업

협업할 수 있는 기업으로부터 정보를 얻는 것도 매우 효과적이다. 나일의 다카하시는 자동차 업계에 관심을 가진 시점부터 딜러나 리스 회사 등 협업 가능성이 있는 기업을 만나 아이디어를 제안했다. 해당 영역에서 이미 자리 잡은 기업으로부터 피드백을 받은 것이다. 이미 초기 인사이트를 찾았다면 이런 접근은 가능한 한 빨리 시도하는 것이 좋다.

실제로 나는 대기업을 대상으로 시스템을 설계할 때, 판매 파트너인 SI(시스템 통합) 업체와 협업하면서 서비스를 구상했다. SI 업체는 고객에게 서비스를 판매하는 데 능숙하고, 고객 상황에 대한 상세한 정보를 갖고 있다. 또한 자사의 신사업 창출로도 이어질 수 있어서 협업 제안에 적극적으로 응했다.

협업 후보 기업은 여러 차례 논의하며 사업을 탄탄히 하기 좋다. 따라서 복잡한 서비스를 기획할 때는 예상 고객보다 협업 후보 기업과 먼저 논의하는 편이 훨씬 효과적이다.

3. 예상 고객

고객에 대해 가장 잘 아는 사람은 고객 자신이다. 따라서 괜찮은 아이디어가 있다면 예상 고객에게 피드백을 받아보는 것이 좋다.

단, 고객의 반응을 해석할 때 주의할 점이 있다. 가령 고객이 "좋네요. 저도 이런 제품이 필요했는데 출시되면 살게요"라고 말했다고 해보자. 과연 그 고객은 실제로 제품을 출시했을 때 구매할까?

실제 구매 의사를 파악하려면 고객과 깊은 대화를 나눠야 한다. 그러니 용기를 내어 다음과 같은 질문을 던져보자.

- ☐ 지금 겪고 있는 문제를 해결하기 위해 어떤 노력을 하고 있나요? 혹시 그 문제를 해결하기 위해 제품이나 서비스를 구매했나요?(대가를 지불할 의사 확인)
- ☐ 만약 제품이나 서비스를 구매했다면 어떤 과정을 거쳐 구매를 결정했나요?(정보 채널, 구매 결정 요인 파악)

이처럼 깊이 있는 대화를 나누면 고객의 실제 구매 의사를 파악할 수 있다. 반면 가벼운 피드백에만 의존하면 "살을 빼고 싶다(아무 노력도 하지 않지만)", "영어를 잘하고 싶다(아무 노력도 하지 않지만)" 같은 말을 듣고 수요가 있다고 착각하기 쉽다. 실제로 이런 상황은 자주 발생한다.

고객 반응을 정확히 해석하는 방법은 글로 설명하기 어렵다. 고객과 직접 대화하며 감을 잡는 수밖에 없다. 추상적으로 들릴 수 있지만, 대화를 계속 나누다 보면 고객의 진짜 마음을 읽게 된다. 나아가 어떤 아이디어를 제시했을 때 상대의 반응을 미리 예측할 수도 있다.

고객이 새로운 무언가를 구매하려면 강력한 동기가 필요하다. '내가 최근 3개월 사이에 무엇을 구매했는가? 왜 그것을 구매했는가?'를 떠올려보자. 그러면 고객에게 어느 정도의 동기가 필요한지 감이 잡힐 것이다.

데스크 리서치를 하라

데스크 리서치는 책, 문서, 인터넷 등에서 얻을 수 있는 정보를 활용하는 조사 방법이다. 방법이 간단하고 시간이 오래 걸리지 않기 때문에, 진입 대상 영역을 조사할 때는 일주일 정도면 충분하다.

데스크 리서치로 얻을 수 있는 정보는 많다. 그러나 데스크 리서치를 오래 한다고 해도, 사업가의 마음을 확 사로잡을 인사이트를 발견하기는 어렵다. 대부분은 인사이트로 이어지지 않는 표면적인 정보이기 때문이다. 어쩌면 애초에 사람의 마음은 글과 자료만으로 움직이지 않을지도 모른다.

사업을 시작하려면 사업가의 열정이 중요하다. 그런데 다른 사람이 작성한 자료에서 얻은 정보만으로는 열정에 불을 붙이기 힘들다. 결국 사업가가 고객과 직접 대화하며, 의미 있는 정보와 열정을 얻는 것이 더 중요하다.

그렇다고 데스크 리서치를 소홀히 해도 된다는 뜻은 아니다. 물론 사업가들은 자신이 속한 시장 상황을 생각보다 잘 알고 있는 경우가 많다. 사업 현장에서 직접 뛰며 많은 정보를 얻게 되기 때문이다.

하지만 경험만으로는 놓치는 부분이 생긴다. 변화의 조짐이나 새로운 기회를 포착하려면 더 넓고 체계적인 시야가 필요하다. 그런 점에서 데스크 리서치는 매우 유용한 방안이다. 특히 신사업을 준비할 때에는 세 가지를 조사해야 한다.

① 기업 조사

앞에서도 말했지만, 기업 조사는 가장 먼저 해야 한다. 조사 대상이 상장 기업이라면 고객 확보 비용, 주력 상품 등 핵심 정보를 투자자용 자료에서 찾을 수 있다. 특히 투자 설명 자료에 나오는 수치는 꼭 분석해보는 편이 좋다. 이를 통해 해당 기업이 어떻게 수익을 내는지 어느 정도 파악할 수 있다.

단, 투자자용 자료는 홍보 목적이 강하므로, 기업의 강점이나 성장 전략을 분석할 때는 반드시 비판적으로 분석해야 한다. 만약 비상장

기업을 조사하고 싶다면 영업 자료, 채용 사이트, 경영자 인터뷰 등을 찾아보면 도움이 된다.

또한 데스크 리서치에 그치지 말고, 관심 있는 분야의 제품은 직접 사용해보는 것이 좋다. 실제로 써봐야 고객 입장에서 느끼는 강점과 불편함이 보이고, 그게 곧 인사이트로 연결된다.

② **사례 조사**

사업 아이디어를 구상 중이라면, 유사한 국내외 사례를 반드시 살펴봐야 한다. 보통 이런 사례 자료에는 누가 그 상품을 선택했고, 왜 선택했으며, 어떤 효과를 얻었는지 등이 담겨 있다.

다만 대부분의 사례 자료는 홍보 목적이기 때문에, 성공적인 사례만 보여준다는 점을 유의해야 한다.

나는 해외 기업들이 유튜브에 올리는 홍보용 영상을 자주 참고한다. 영상은 글보다 많은 정보를 쉽게 전달해줘서 부담 없이 조사하기 좋다.

③ **구조 조사**

신사업이 실패하는 이유 중 하나는 시장을 단편적으로 이해한 채 뛰어들기 때문이다. 사업을 성공적으로 이끌려면 구조를 정확히 파악해야 한다.

사람을 직접 만나 대화하면 더 깊이 있는 정보를 얻을 수 있다. 하지만 데스크 리서치보다 훨씬 많은 시간이 들고, 말하는 사람의 감정이 정보에 섞일 수 있어 주의해야 한다.

그래서 어떤 시장에 관심이 생기면, 해당 산업이 어떤 구조로 이루어졌는지 보고서 등을 통해 먼저 파악하는 것이 좋다. 즉, 데스크 리서치를 통해 기회를 품은 영역을 좁히고, 초기 아이디어에 대해서는 사람들의 의견을 들어보는 식으로 접근하는 것이 효율적이다.

사장의 수첩에는 이렇게 쓰여 있었다.

진정한 수요를 알고 싶다면 "살게요"가 아니라 "샀어요"에 주목하라.

정보 공유에 인색하지 마라. 훗날 더 유용한 정보로 돌아올 것이다.

2부

성공한 사장의 수첩에서 인사이트를 찾아내라

인사이트의
발견

잘되는 회사 사장이 전략을 세우기 전에 찾는 것

전략의 핵심은 인사이트에 있다. 조금 과장해서 말하면, 시장 조사나 검토가 충분하지 않더라도 인사이트와 추진력만 있다면 사업을 시작할 수 있다. 그만큼 인사이트는 사업에서 매우 중요한 요소다.

하지만 인사이트는 쉽게 얻을 수 없다. 심지어 우연히 발견되는 경우도 많다. 그렇기에 인사이트를 찾기 힘들다고 포기하지 말고, 끝까지 탐색하는 태도를 가져야 한다.

언제 인사이트를 발견할까?

이 책에서 말하는 인사이트란 '배경지식을 바탕으로 현상을 해석해 도출한 전략'을 의미한다. 마케팅 분야에서는 이를 '사람을 움직이게 하는 결정적 요인'이라고 정의하기도 한다.

자동차 리스 사업을 하는 나일의 사례를 보자. 이 기업의 대표인 다카하시는 소비자들이 자동차를 구매할 때, 온라인에서 정보를 충분히 조사한 뒤 계약 단계에서만 오프라인 매장을 방문한다는 행동 변화를 포착했다. 그러나 이런 변화를 알아차린다고 해서 누구나 전략을 세울 수 있는 것은 아니다. 배경지식과 경험이 있어야만 그것이 전략으로 연결된다.

다카하시는 다양한 사업을 해봤다. 그래서 '온라인으로 계약까지 완료하는 자동차 리스 상품을 출시하면 경쟁력이 있겠다'는 인사이트를 얻을 수 있었다.

소비자와 기업의 행동 원리, 사업의 특성, 트렌드의 흐름에 대한 충분한 배경지식을 가진 상태에서 '무엇이 잘 팔리는가', '고객은 무엇에 불만을 느끼는가'를 발견해야 인사이트를 얻을 수 있다(그림 4).

그림 4 | 인사이트

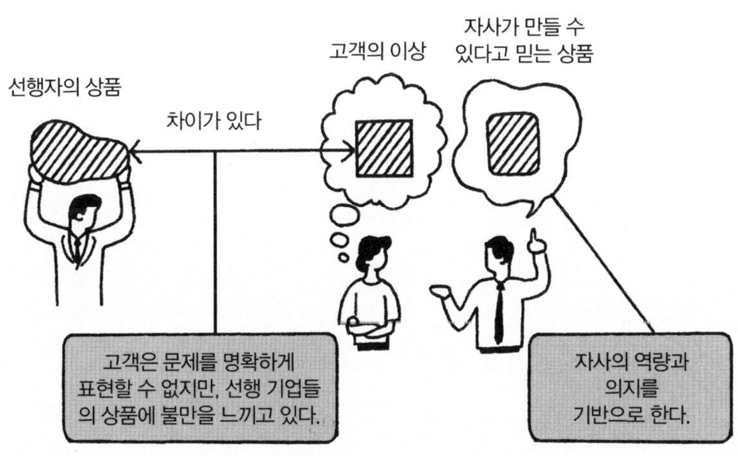

- 선행자의 상품
- 고객의 이상
- 자사가 만들 수 있다고 믿는 상품
- 차이가 있다
- 고객은 문제를 명확하게 표현할 수 없지만, 선행 기업들의 상품에 불만을 느끼고 있다.
- 자사의 역량과 의지를 기반으로 한다.

이렇게 발견한 인사이트야말로 전략의 출발점이자 핵심이다. **배경지식이 없다면 어떤 변화를 발견해도 인사이트로 연결할 수 없다.**

인사이트는 되도록 다른 기업에 드러내지 않는 편이 좋다. 모두가 같은 인사이트를 갖게 되면 경쟁 전략이 비슷해지고, 결국 소모전에 빠지기 때문이다.

인사이트는 누구나 당연하게 여기는 관점보다 아직 소수만 주목하고 있는 지점에서 발견했을 때 훨씬 더 큰 가치를 지닌다. 즉, 시장 흐름에 잘 맞으면서 색다른 인사이트여야 강력한 성장 전략으로 이어질 수 있다.

만약 뻔한 인사이트를 활용해야 한다면, 결국 물량이나 빠른 속도로 승부를 봐야 한다. 물론 그런 전략으로 성공하는 기업도 있다. 영업에 집중해 매출을 끌어올리는 기업들이 대표적이다.

인사이트의 깊이가 승부를 가른다

인사이트는 곧 경쟁 전략이다. 따라서 경쟁 환경에 따라 필요한 인사이트의 '깊이'도 달라진다.

인사이트가 깊다는 것은 '겉으로 드러나지 않았지만 현재 일어나는 변화를 정확하게 꿰뚫었다'는 의미다. 반면 인사이트가 얕다는 것은 '겉으로 명확히 드러난 현재의 상황을 그대로 본 수준'이라는 뜻이다. 즉, 누구나 인식하고 있는 상태를 말한다. 실제로 일어나는 현상을 아예 파악조차 못했다면, 그것은 얕고 깊음의 문제가 아니라 인사이트 자체를 잘못 찾은 것이다.

경쟁 환경이 치열할수록 더 깊은 인사이트가 필요하다. 경쟁이 치열한 시장에선 경쟁자들도 깊이 있는 인사이트를 찾고 빠르게 실행에 옮기기 때문이다. 결국 깊이 있는 인사이트와 빠른 실행력, 이 두 가지를 동시에 갖추지 못하면 이기기 어렵다.

예를 들어, 소프트웨어 사업을 보자. 시장 형성 초기에는 최소한의 기능만으로도 제품이 잘 팔린다. 하지만 경쟁이 치열해지면 사용 편의성이나 다양한 부가 기능까지 세심하게 신경 써야 한다. 고객들이 더 높은 수준의 완성도를 기대하기 때문이다. 다시 말해, 공급이 부족한 초기 시장이라면 빠르게 공급하는 전략으로 접근해야 한다.

이때 지나치게 차별화에 집착하면 안 된다. 속도가 생명인 초기 시장에서 '차별화를 고민하느라 늦는 것'은 대표적인 전략의 오류다.

한 가지 명심해야 할 점이 있다. 아무리 참신한 인사이트로 출발한 사업이라도, 기업이 성장하면 치열한 경쟁을 피할 수 없다는 점이다. 어떤 시장이든 성공한 기업이 생기면 반드시 그 뒤를 쫓는 경쟁자가 등장한다. 그러니 사업을 처음 시작할 때부터 경쟁에서 이기겠다는 강한 각오를 다져야 한다.

인사이트를 객관적으로 설명할 수 있어야 할까?

인사이트는 객관적인 논리만으로는 얻을 수 없다. 시장에서 나타나는 현상에 사업가의 경험과 가치관이라는 개인적인 해석이 더해질 때 비로소 찾게 되는 것이다.

아마 시장 조사를 많이 했는데도 '무엇을 팔아야 할지' 몰라 막막했던 적이 한 번쯤 있을 것이다. 이는 자료를 아무리 모아도 인사이트에 도달하지 못했기 때문이다.

인사이트를 다른 사람에게 논리적으로 설명하기란 매우 어렵다. 인사이트는 '당사자의 주관적인 해석'을 바탕으로 만들어지기 때문이다. 실제로 같은 상황을 보더라도 사람마다 전혀 다른 인사이트를 얻는다.

그런데도 신사업 담당자들은 회사에서 종종 인사이트에 대해 객관적으로 설명하라는 요구에 직면하곤 한다. 하지만 경영진의 이러한 태도는 옳지 않다. 오히려 새로운 사업 기회를 가로막을 뿐이다.

인사이트에 대해 설명해 상대를 설득할 수 있는 경우는 극히 드물다. 대부분은 비슷한 시각을 가진 소수만이 인사이트에 공감할 수 있다. 실제로 회사에서는 인사이트보다 그 인사이트를 찾은 사람의 실적이나 신뢰도 같은 요소로 설득되는 경우가 많다. 가령 "잘 모르겠지만, 저 사람이 말하니 믿을 수 있다"는 반응처럼 말이다.

성공한 사장은 어디에서 인사이트의 힌트를 얻었을까?

인사이트는 크게 두 가지로 나눌 수 있다. 하나는 고객의 행동에서 얻는 '고객 인사이트', 다른 하나는 선행 기업의 사업 현황에서 얻는 '선행자 인사이트'다. 만약 인사이트를 못 찾겠다면 고객이 현재 제공되는 상품에 불만족하는 부분은 없는지 찾아보자. 자사가 그 부분을 충족시킬 수 있다면 인사이트를 얻은 것이다.

고객 인사이트와 선행자 인사이트는 불확실한 신사업 창출에서 매우 중요한 실마리가 된다. 실제로 성공한 사업가들의 대부분은 두 인사이트 모두를 무기로 활용해 사업을 성공으로 이끌었다. 전략에 따라 두 인사이트의 사용 비중은 달라질 수 있지만, 잘되는 회사 사장들은 기본적으로 둘 다 찾은 상태에서 사업을 설계한다.

또한 사업을 할 때 고객이나 협업 대상에 대한 깊은 이해는 필수다. 구매를 결정하는 주체는 결국 '사람'이기 때문이다. 이는 B2C뿐만 아니라 B2B에서도 마찬가지다. 최종 결정을 내리는 사람이 결재 문서에 서명하는 순간에 어떤 감정을 느낄지 이해해야 한다. 흔히 말하는 고객 중심 사고 역시 단순히 '고객을 생각한다'가 아니라 '경쟁사보다 깊이 고객의 입장에서 이해한다'는 의미다.

꼭 기억하라. 인사이트를 찾으려면 정서적 공감이 필수다. 이 사실을 아는 사업가일수록 고객 및 파트너와의 대화를 더 중요하게 여기며, 사업 성공률도 높다.

인사이트 발견 능력은 타고나지 않는다

어쩌면 '인사이트 발견 능력은 결국 타고나야 하는 게 아닐까'라며 좌절한 사람이 있을지도 모른다. 하지만 걱정하지 마라. 이 능력은 충분히 훈련으로 키울 수 있다.

가장 좋은 방법은 당연히 직접 사업을 기획하고, 상품을 개발해 판매해보는 것이다. 하지만 더 간단한 연습 방법도 있다. **잘 팔리는 상품의 성공 요인은 무엇인지, 어떻게 다른 상품보다 우위에 서게 됐는지를 인사이트 관점에서 설명해보라.** 즉, 그 상품이 잘 팔리는 이유를 고객 인사이트나 선행자 인사이트 관점에서 해석해보는 것이다. 만약 잘 팔리는 이유를 설명할 수 없다면, 그 시장을 아직 정확히 꿰뚫지 못한 것이다.

실제로 성공한 사업가들은 최근 눈에 띄는 상품이 왜 잘 팔리는지에 대해 토론하는 것을 즐긴다. 심지어 이를 일종의 취미처럼 여기는 사업가도 많다.

B2B 사업이라면 업계 소식지나 전시회를, B2C 사업이라면 뉴스 기사나 커뮤니티를 참고하며 고객의 마음을 파악해보라. 고객의 시선에서 생각해보면 어떤 상품이 팔릴지에 대한 감각이 조금씩 생긴다.

물론 이 활동은 어디까지나 조사 단계의 일부이므로, 여기에 시간을 지나치게 쓰면 안 된다. 사업을 구체화하려면 결국 고객에게 직접 아이디어를 제시하고 피드백을 받는 과정이 중요하다.

인사이트에서 전략으로 나아가라

인사이트를 발견하고 조사를 진행했다면 이제 구체적인 전략을 세울 차례다. 이 단계에서는 올바른 접근법을 파악해 충분한 시간을 들이는 것이 중요하다.

많은 사람이 전략 수립을 어렵게 느낀다. 하지만 실제로는 사업 영역을 정하고 인사이트를 찾는 과정보다 전략을 구체화하는 과정이 더 쉽다.

전략을 세울 때는 다음 질문에 명확히 답할 수 있어야 한다.

- ☐ 고객은 정말로 자사가 제공할 상품에 기꺼이 대가를 지불할까? 말뿐만 아니라 '행동'으로 그 의사를 보이는가?
- ☐ 경쟁사는 어디인가? 자사는 경쟁사를 이기고 오래 우위를 점할 수 있는가?
- ☐ 사업을 끝까지 해낼 의지가 있는가? 자사의 부족한 역량은 무엇이며, 그것을 채우기 위한 투자 계획은 세웠는가?

인사이트가 없는 상태에서는 아무리 많은 정보를 바탕으로 전략을 세워도 실행되기 어렵다. 즉, 인사이트를 찾기 전에 수많은 프레임워크를 동원하고 시장 규모를 계산해봤자 의미 없는 일일 뿐이다. 심지어 사업 준비가 잘되고 있다고 착각하게 만들 위험도 크다.

1장

잘되는 사장은 '무엇'보다 '어떻게'에 주목한다

이번 장에서는 성공한 사업가들이 어떤 인사이트를 얻었고, 그 인사이트를 어떻게 발견했는지 살펴보겠다.

여기서 말하는 인사이트는 단순한 아이디어가 아니다. '고객의 구매 행동'이나 '선행 기업의 실적'처럼 사실에 근거한 해석만을 인사이트로 본다. 단, 인사이트는 세 가지 기준을 충족해야 한다.

첫째 '강한 수요가 존재하는가?'
둘째 '시장에 수급의 불균형이 있는가?'
셋째 '이 사업이 성공할 수 있다고 확신하는가?'

반드시 기억하라. 잘되는 회사 사장의 수첩에는 '무엇을 할까'보다 '어떻게 경쟁력을 갖출지'가 더 자세히 쓰여 있다.

성공한 사업가들의 인사이트

성공 사례 1. 영어 교육 사업 – 프로그릿

인사이트

- 누구나 영어 실력을 키우면 유용하다는 사실을 안다. 그러나 여전히 수많은 사람이 영어 공부를 어려워한다.
- 기존의 영어 교육 서비스들은 대부분 학습 방법을 중심으로 경쟁하고 있다. 이 시장에 '스스로 노력한다'는 콘셉트의 서비스는 아직 없다. 사실 영어 실력의 차이는 '충분히 노력했는지'에서 생긴다. 개인 코치형 서비스라면 '영어 공부를 혼자서도 끝까지 해낼 수 있다'는 콘셉트를 실현할 수 있다.
- 이 콘셉트를 바탕으로 선행자보다 더 좋은 서비스를 꾸준히 만들 자신이 있다.

인사이트의 발견

이 기업의 대표인 오카다는 사업 아이템을 고민하던 중 문득 '영어 공부'를 떠올렸다. 예전에 영어 학원을 다녀도 실력이 늘지 않았던 경험이 있었기 때문이다. 당시의 경험 덕분에 그는 시장에 어떤 서비스가 있고, 무엇이 부족한지 이미 알고 있었다.

마침 당시 일본에서는 개인 맞춤형 헬스장이 주목받고 있었다. 오카다는 이 모델을 영어 교육에 적용해보면 좋겠다고 생각했다.

아이디어를 얻은 그는 업계 관계자들과 꾸준히 대화하며 경쟁사들을 분석했고, 직접 사업을 해볼 만하다는 확신이 생겼다. 그래서 그는 개선점을 찾는 데 집중해 서비스 경쟁력을 높였다.

사실 당시에 이 기업은 영업, 마케팅, 콘텐츠 제작 등에서 전문성을 갖춘 상태는 아니었다. 그렇지만 오카다에게 확실한 인사이트와 실행 의지가 있었고, 결국 그 힘으로 사업을 궤도에 올릴 수 있었다.

성공 사례 2. 의류 사업 - 유토리

인사이트

- □ 비록 규모는 작더라도 개성 있는 패션 브랜드에 대한 수요는 꾸준히 존재한다.

☐ 대형 의류 업체는 대규모 브랜드에 집중하느라 틈새시장을 포기하는 경우가 많다. 따라서 적절한 전략만 세운다면 틈새시장에서도 충분히 수익을 낼 수 있다.

☐ 트렌드를 잘 읽는 인재를 뽑으면 새로운 브랜드를 계속 만들 수 있다.

인사이트 발견

이 기업의 대표인 가타이시는 인스타그램 계정을 운영하며 개성 있는 패션 브랜드에 대한 수요를 오랜 기간 관찰해왔다. 그리고 그 과정에서 대기업이 놓치기 쉬운 소규모 시장에 주목했다.

그는 '비록 시장은 작아도 콘셉트가 확실하다면 성공할 수 있다'고 판단했고, 실제로 하나의 브랜드를 성공시킨 뒤 브랜드를 연이어 기획해 시장에 안착시켰다.

이 기업의 핵심 전략은 SNS 마케팅을 통해 타깃 고객에게 빠르게 도달하는 것이었다. 그래서 그는 인스타그램을 주요 채널로 삼아 틈새시장에 적합한 마케팅 구조를 갖췄다.

또한 브랜드 확장을 위해 본인의 감각을 갈고닦는 데 집중했으며, 그 과정에서 경쟁력을 갖출 힘은 결국 '사람'에게서 온다는 사실을 깨달았다. 그래서 트렌드를 정확히 읽는 인재를 채용하고, 그들과 함께 새로운 브랜드를 구상하며 사업을 키웠다.

성공 사례 3. 공간 대여 매칭 플랫폼 사업 - 스페이스마켓

인사이트

- 큰 것을 작게 나눠 팔면 수익성이 더 높아진다.
- 공간 대여의 수요는 명확하며, 일반 사무실로 임대하는 것보다 수익성이 좋다. IT 기술을 활용하면 예약부터 결제까지 한 번에 끝낼 수 있다.
- 현재의 플랫폼들은 회의실 중심이며, UX 개선이 필요하다. 또한 시간 대별로 유연하게 공간을 대여하는 곳은 아직 시장에 없다.
- 믿을 만한 공동 창업자와 함께라면 사업을 추진할 수 있다.

인사이트 발견

이 기업의 대표인 시게마쓰는 시간제 주차장, 편의점의 소분 소스, 노래방 부스 등 다양한 사례를 통해 '큰 것을 작게 나누어 판매하면 수익성을 높일 수 있다'는 인사이트를 얻었다.

또한 본인이 직접 사무실 공간을 시간 단위로 대여해본 경험, 부동산 관계자와 나눈 대화에서 실제 공간 대여의 수요가 상당하다는 점도 확인했다.

당시는 에어비앤비가 빠른 매칭 기술로 시장을 재편하던 시기였다. 이 상황을 보며 그는 '우리도 이런 방식으로 공간을 대여하는 플랫폼을 만들 수 있지 않을까?'라는 아이디어를 떠올렸다.

사실 창업 초기에는 차별화 전략이 뚜렷하지 않았다. 그러나 기존 플랫폼의 부족한 부분과 고객의 불만 사항을 파악하며 충분히 승산이 있다고 판단했다.

결정적으로 그는 '혼자보다 함께'라는 신념 아래 공동 창업자를 찾았고, 실행력을 키워 사업을 시작했다.

성공 사례 4. 자동차 리스 사업 - 나일

인사이트

- ☐ 큰 산업이면서 경쟁자가 주목하지 않는 영역에 진출해야 한다.
- ☐ 소비자의 자동차 구매 행동에 큰 변화가 일어나고 있다. 사람들은 수천만 원짜리 자동차를 온라인으로 구매하지 않지만, 매월 수십만 원을 지불하는 자동차 리스 서비스는 온라인으로 결제한다. 그러나 아직 이에 적합한 자동차 리스 상품이 적다. (참고로 당시 다카하시는 직접 자동차를 구입해본 적이 없었다.)
- ☐ 자사의 마케팅 역량을 활용하면 우위를 점할 수 있다. 게다가 특색 있는 자동차 리스 상품을 만들 자신도 있다.

인사이트 발견

이 기업의 대표인 다카하시는 자사의 마케팅 역량을 활용할 수 있는 사업 기회를 찾고 있었다. 그리고 가장 적합한 것이 자동차 리스 사업이라고 생각했다. 기존 자동차 리스 업체들과 비교했을 때 자사가 더 나은 마케팅 전략을 펼칠 수 있다고 판단했기 때문이다. 또한 다른 마케팅 기업들이 주목하지 않는 시장이라는 점도 좋았다.

그는 먼저 시장 보고서를 통해 산업 구조를 파악했다. 이후 업계 관계자와 꾸준히 대화하며 고객의 행동과 시장 변화에 대한 인사이트를 얻었다. 그 뒤 직접 자동차를 구매해보고, 예비 고객을 만나며 실전 경험까지 쌓았다.

조사를 시작해 인사이트를 얻기까지 걸린 시간은 단 4개월이었다. 단기간 내에 목표를 정하고 집중적으로 정보를 수집한 덕분이다.

다른 사업가들은 보통 오랜 경험을 통해 인사이트를 얻는다. 패션 업계에서 15년간 있던 가타이시, 다양한 영어 교육 서비스를 이용해본 오카다, 소규모 거래 경험이 많은 시게마쓰가 그 예다.

하지만 다카하시는 달랐다. 그는 단기간에 직접 부딪히며 정보를 흡수한 끝에 인사이트를 '의도적으로' 얻었다. 이처럼 시장을 분석하고, 고객을 만나고, 다양한 가능성을 실험해보는 사람이라면 누구든 인사이트를 발견할 수 있다.

성공 사례 5. 엔지니어 매칭 사업 - 투스톤&선스

인사이트

- ☐ 엔지니어 파견 시장에서 빠르게 성장하는 기업들이 눈에 띈다. 하지만 마케팅 역량이 뛰어난 기업은 많지 않다.
- ☐ 기업들은 프리랜서 엔지니어를 원하지만, 정작 엔지니어들은 프리랜서로 일하는 것을 두려워한다.
- ☐ 선행 기업들의 성과를 분석해보면, 자사의 마케팅 역량만으로도 충분히 경쟁할 수 있다. 심지어 프리랜서의 불안감을 해소할 서비스를 만들면 추월도 가능하다.

인사이트 발견

이 기업의 대표인 다카하라가 생각한 자사의 강점은 마케팅과 엔지니어링 역량이다. 그래서 이 기업은 두 역량을 활용해 선행 기업을 뒤쫓고 추월하는 전략을 세웠다. 즉 '기회가 보이면 빠르게 진입하고, 곧바로 선두를 노린다'는 전략이다.

이 전략의 핵심은 '확실한 선행 기업이 존재하는 시장'을 공략하는 것이다. 이는 새로운 시장을 선도하는 콘텐츠 기반 사업가들과는 다른 접근이다.

이 전략을 제대로 활용하려면 선행 기업에 대한 정보와 자사 경쟁력을 정확히 파악해야 한다. 그래서 그는 업계 관계자들과 대화를 나누고, 경쟁사의 마케팅 자료를 분석하며 정보의 정확도를 높였다.

사장의 수첩에는 이렇게 쓰여 있었다.

잘 파는 기업도 반드시 놓치는 것이 있다. 그러니 경쟁사의 빈틈을 노려라.

대기업이 뛰어들지 않은 틈새시장은 콘셉트만 명확하면 해볼 만하다.

잘 파는 사장이 집중하는
두 가지 인사이트

전략을 세울 수 없는 아이디어는 버려라

무엇이든 잘 파는 사장들은 두 가지 인사이트에 집중한다. 바로 '고객 인사이트'와 '선행자 인사이트'다.

단, '사람들은 이런 메시지에 끌린다'처럼 단순한 분석이나, 전략으로 연결하지 못한 정보는 인사이트로 보지 않는다. 이런 아이디어는 마케팅에서 활용할 수 있을지도 모르지만, 사업 전략을 세우기에는 부족하기 때문이다.

이때 '전략'의 의미는 다음과 같다. 참고로, '전략'과 '사업 전략'은 고객, 경쟁사, 자사의 관점을 모두 포함한다.

- ☐ 전략: 목표를 달성하기 위한 행동 지침
- ☐ 성장 전략: 여러 사업을 조합해 기업을 키우는 전략
- ☐ 사업 전략: 하나의 사업에 대한 정책을 정하는 전략
- ☐ 경쟁 전략: 경쟁사와 자사의 경쟁에 초점을 맞춘 전략

또한 다음 요소들은 함께 갖춰질 때 비로소 유의미한 전략이 된다. 일부만 갖춘 경우에는 유용한 인사이트라고 보기 어렵다.

① 고객 인사이트: 고객의 요구를 아직 충족하는 곳이 없다

☐ 강한 수요: 고객이 지금 간절히 원하거나, 곧 원하게 될 서비스가 있다.

☐ 서비스 수급 격차: 그런데 기존 상품은 이 수요를 제대로 충족하지 못한다.

☐ 자사 우위: 자사는 고객의 수요를 충족시킬 수 있다.

② 선행자 인사이트: 비슷한 서비스를 더 뛰어나게 제공한다

☐ 강한 수요: 매출과 수익률이 눈에 띄는 사업이 존재한다. 이는 강한 고객 수요를 증명한다.

☐ 역량 수급 격차: 그 사업을 제대로 운영할 역량을 갖춘 기업이 많지 않다.

☐ 자사 우위: 자사는 그 역량을 이미 갖췄다. 따라서 비슷한 서비스를 제공하더라도 훨씬 잘할 수 있다.

지금 살펴본 인사이트는 다음 네 가지 질문에 대한 명확한 답으로도 정의할 수 있다.

☐ 무엇을 팔 계획인가?

☐ 고객은 정말 그 상품에 돈을 낼까? 그렇게 생각하는 이유는 무엇인가?

☐ 계속 경쟁사보다 좋은 위치를 지킬 수 있는가?
☐ 이 전략을 실현하기 위한 강한 의지와 역량이 있는가?

이 네 가지 질문의 답과 그 근거를 종합한 것이 바로 '성장 전략'이다.

인사이트에 영향을 주는 3가지 핵심 요소

① 강력한 수요

사업을 시작하기 전에 수요 조사는 기본이다. 단, 강력한 수요를 찾아야 한다. 많은 사업가가 작은 수요만 붙잡고 고민하다 결국 사업에 실패한다.

예를 들어, 나는 과거 택시 회사 전용 노무 관리 서비스를 구상한 적이 있다. 당연히 수요가 있을 것이라 예상했지만, 막상 시장을 조사해보니 서비스 단가가 터무니없이 낮게 책정됐다. 택시 회사에서는 '노무 관리의 디지털화'보다 '운전기사 확보'가 훨씬 더 시급한 과제였던 것이다.

고객의 수요가 충분히 강하면 상품이 다소 미흡하더라도 잘 팔린다. 가령 "이 앱은 사용하기 불편한데 왜 이렇게 사용자가 많지?"라는 의문이 드는 플랫폼을 본 적 있을 것이다. 그 이유는 불편함을 이기는 강력한 수요가 존재하기 때문이다.

강력한 수요도 파악하지 못한 채 완성도 높은 상품을 만드는 데만 집중하지 마라. 그러면 사업은 실패할 수밖에 없다.

② 서비스 또는 역량 수급 격차

시장에는 두 가지 기회가 있다. 첫째 '고객의 수요를 충족시키는 서비스가 없을 때', 둘째 '그 서비스를 제공할 역량을 갖춘 기업이 적을 때'다. 이런 틈을 '수급 격차'라고 부른다.

첫 번째는 비교적 쉽게 눈에 띈다. 하지만 기업 간의 역량 격차는 파악하기 힘들다. 언뜻 보면 훌륭한 경쟁사들도 유사한 서비스를 제공하고 있는 것처럼 보이기 때문이다.

그러나 이미 비슷한 서비스를 제공하는 기업이 있더라도 더 뛰어난 역량을 갖춘 기업이 빠르게 시장에서 우위를 차지한다. 실제로 역량 격차 하나만으로도 성공하는 사례가 꽤 많다. 이 간극을 제대로 파악하는 것이 사업 기회의 핵심이다.

③ 자사의 우위성

어떤 상품이 필요하고, 어떤 역량을 갖춰야 하는지 파악했다면 이제 중요한 것은 실행력이다. 이때 "우리가 이걸 더 잘할 수 있다"라는 자신감을 장착해야 한다.

지금 당장은 역량이 부족하더라도 괜찮다. 다만, 끝까지 해낼 수 있다는 확신과 역량을 키우기 위한 투자 의지는 가져야 한다. 꼭 기억하라. 아이디어만으로 사업을 만들 수 없다.

인사이트는 단순할수록 강하다

인사이트는 단순해야 한다. 만약 인사이트가 복잡하면 우선순위가 모호해지고, 실행 가능한 전략을 세우기 어렵다. 예컨대 인사이트가 복잡하면 "최선을 다해 마케팅하자. 영업도 열심히 해야지. 제품 UI도 포기할 수 없어"처럼 집중할 전략을 세우지 못한 채 허둥대기 쉽다.

물론 모든 요소를 잘 갖추면 좋겠지만, 시간과 에너지는 항상 제한적이다. 모든 면에서 완벽할 수 없다는 사실을 인정하고, 가장 중요한 한 가지에 집중하라. 실제로 성공한 사장들은 확실하고 단순한 인사이트를 바탕으로 승부를 가를 핵심 요소를 정하고, 그 요소에 전력을 집중한다.

또한 인사이트를 발견하는 과정을 지나치게 세분화하지 마라. 가령 '수요 파악', '격차 발견', '자사의 우위성 고민'처럼 단계를 나눠 분석하다 보면, 오히려 사업 아이디어를 떠올리는 데 방해가 된다.

사장의 수첩에는 이렇게 쓰여 있었다.

인사이트는 단순해야 한다. 그래야 전략도 확실해진다.

강력한 수요, 수급 격차, 자사 우위를 함께 살펴봐라.

고객은 수많은 아이디어를
품은 파트너다

종종 성공한 사업가들은 인사이트를 운 좋게 발견했다고 말한다. 하지만 '운' 때문이 아니다. 항상 끊임없이 관찰하고, 자주 시도하고, 기회를 놓치지 않으려는 태도 덕분에 인사이트를 잘 찾는 것이다.

인사이트 발견 확률은 여러 시도가 쌓일수록 높아진다. 그래서 '일단 해본다', '사소한 것도 적어둔다', '자꾸 제안해본다' 같은 습관이 중요하다.

이번에는 공간 대여 매칭 플랫폼 사업을 하는 스페이스마켓 사례를 통해 고객 인사이트를 발견하는 방법을 살펴보자.

큰 것을 작게 나눠 팔겠다고 결심한 이유

성공한 사업을 분석할 때는 왜 수익이 나는지 끝까지 파고들어야 한다. 그래야 비로소 돈이 될 만한 사업을 찾을 수 있다.

스페이스마켓의 창업자 시게마쓰도 그랬다. 그는 국내외의 다양한 사례를 통해 하나의 공통점을 발견했다. '큰 것을 잘게 나누어 팔면 수익성이 올라간다'는 사실이다.

• 사업에 대한 탄탄한 배경지식

사업 감각을 키우고 싶다면 반드시 사례를 연구해야 한다. 시장의 현실과 구상 중인 사업 사이의 괴리를 줄이려면, 성공 사례를 자주 들여다보는 수밖에 없다. 비슷한 사례조차 모르면 아이디어는 망상에 가까워진다.

사업을 성공시킨 사장들은 '요즘 돈을 잘 버는 사업은 무엇인가? 그 사업은 어떤 구조로 수익을 냈을까?' 이 질문을 수첩에 적어두고 늘 고민한다. 그 답은 생각보다 찾기 쉽다. 상장 기업의 IR 자료만 봐도 거의 모든 정보를 알 수 있기 때문이다.

다만 주의할 점이 있다. 미디어에 자주 등장하는 사례에만 집중하면 안 된다는 것이다. 진짜 잘되는 사업일수록 수익 구조를 일부러 감추기도 한다. 그러니 표면적으로 보이는 화제성 사업에만 몰두하지 말고, 덜 알려졌지만 꾸준히 돈을 벌고 있는 기업을 깊이 파고들어야 한다.

특히 '요즘 다들 구독제 하던데?', '우리도 AI 사업해야 하지 않을까?'처럼 유행에 휩쓸려 성급히 결론을 내리면 안 된다. 사례 연구의 핵심은 유행하는 모델이 아니라, 실제로 돈이 되는 구조를 가진 사업을 찾는 데 있다.

- **작은 경험 하나가 사업 아이템으로 이어진다**

스페이스마켓의 대표는 과거 회사에 다닐 때 회의실을 임대해본 경험이 있다. 처음엔 단순히 공간을 잠시 빌려주는 일이라고만 생각했다. 하지만 실제로 공간을 예약하고 사용하는 고객들을 보며 생각이 달라졌다. 누가, 어떤 목적으로, 얼마를 내고 공간을 쓰는지 직접 확인하면서 '이건 단순한 공간이 아니라 수요가 분명한 상품'이라는 확신을 갖게 된 것이다.

그 경험은 이후 사업을 구상할 때 강력한 밑거름이 됐다. 어떤 공간을 어떤 방식으로 운영해야 하고, 적절한 가격은 어느 정도이며, 어떤 고객을 타깃으로 삼아야 할지를 구체적으로 정리할 수 있었기 때문이다.

직접 겪은 경험만큼 명확한 인사이트는 없다. 작은 경험 하나도 사업 아이템으로 이어질 수 있다.

따라서 사업을 준비 중이라면 가능한 한 다양한 사업 경험을 쌓는 것이 좋다. 규모가 크지 않아도 괜찮다. 소규모라도 스스로 운영해보면 '무엇이 팔리고, 무엇이 어려운지'를 몸으로 느낄 수 있다. 그 과정을 통해 비로소 실행 가능한 사업 아이템이 보이기 시작한다.

여담이지만, 야후재팬 전 CEO였던 오자와 타카오小澤隆生도 스페이스마켓의 대표가 관리하던 공간에서 행사를 진행한 적이 있다. 당시 그는 "철저하게 성공한 사람을 연구하라"고 거듭 강조했다. 결국 사업가는 다양한 경험을 하고 성공 사례를 분석하며 전략을 세워야 한다.

• 조사로 인사이트를 날카롭게 다듬어라

쓸 만한 인사이트는 한순간에 떠오르지 않는다. 자세한 조사와 여러 경험이 쌓일 때 떠오른다. 스페이스마켓의 창업자 시게마쓰 역시 예외는 아니었다. 그는 기본적인 배경지식과 직접 체득한 경험 위에, 선행 기업에 대한 조사를 더해 인사이트를 다듬었다.

시게마쓰가 처음으로 대화를 나눈 사람은 대형 부동산 회사의 직원이었다. 그는 공간의 가동률, 시간당 단가 등 구체적인 수치를 설명해줬다. 특히 흥미로웠던 것은 주차장 운영 사례였다. 롯폰기에서 월정액으로 운영할 경우 한 공간당 매출이 5~6만 엔 수준이지만, 시간제로 전환하면 30만 엔까지도 올라간다는 것이었다. 이 이야기를 들은 시게마쓰는 공간 대여 사업에 대한 확신이 더욱 강해졌다.

그런데 조사를 계속하면서 그는 자신의 아이디어와 유사한 사업이 이미 존재한다는 사실을 알게 됐다. 바로 주차장 공유 서비스인 '자투리땅 비즈니스'였다.

어쩌면 이때 많은 사람이 포기할지도 모른다. 하지만 그는 달랐다. 오히려 비슷한 사업이 이미 수익을 내고 있다는 사실을 긍정적으로 받아들였다. 중요한 것은 누가 먼저 생각했느냐가 아니다. '내가 경쟁자보다 잘할 수 있는가?'이다.

당시 자투리땅 비즈니스는 장기 임대 중심이었다. 반면 스페이스마켓은 단기 임대에 강한 구조였다. 사업을 운영하면서 자연스럽게 소규모 수요에 집중하게 된 것이다.

이는 '선행 기업이 놓친 틈새를 공략하는' 대표적인 전략이다. 먼저 시장에 진입한 기업은 대체로 효율성을 추구하며 큰 계약 위주로 움직인다. 그에 맞춰 조직과 시스템이 설계됐기 때문이다. 하지만 그 구조는 소규모 수요를 놓치게 만든다. 그리고 이 빈틈이 후발 주자에게 기회를 준다. 스페이스마켓은 바로 이 빈틈을 정확히 파고들었다.

후발 주자가 시장에서 살아남으려면 틈새부터 공략해야 한다. 특히 대기업이 외면한 소규모 거래를 먼저 잡으면 충분히 승산이 있다.

따라서 소규모 거래로도 수익을 낼 수 있는 운영 체제를 갖추어야 한다. 이는 곧 비용 경쟁력으로 이어지기 때문이다. 그러고 나면 더 많은 마케팅 비용을 집행할 수 있고, 결국 대규모 계약에서도 경쟁사보다 앞서게 된다.

다만, 조사 단계에서 시간을 오래 끌면 안 된다. 선행 기업의 사례를 찾고, 기본 정보나 시장 반응을 듣는 수준이면 충분하다. 사업성이 있다고 판단되면 그때 가서 더 깊이 조사해도 늦지 않다.

예전에는 "조사를 하면 편견이 생기니 하지 마라"는 조언도 했었다. 하지만 지금 조사하지 말라고 하는 사업가는 없다. 오히려 와이 콤비네이터Y Combinator는 아이디어가 떠오르면 반드시 유사 사례부터 조사하라고 권한다.

좋은 조사 방법 중 하나는 고객을 공략하는 것이다. 고객은 생각보다 시장을 잘 안다. 이미 수많은 서비스를 경험했기 때문이다.

아직 시장에 대해 잘 모르는 신생 기업이 표면적인 정보만 보고 사업의 가능성을 판단하는 것은 상당히 위험하다. 고객이 무엇에 가치를 두고, 어떤 기준으로 상품을 선택하는지 명확하게 알 수 없기 때문이다.

그러니 책상 앞에서 분석만 하지 마라. 고객과 대화하고, 협력 후보 기업과 아이디어를 공유하라. 그들이 가진 시장 정보는 생각보다 훨씬 더 정확하다. 그리고 그 안에 사업의 힌트가 숨어 있다.

- **시장의 흐름을 타라**

스페이스마켓이 창업하던 시기에는 에어비앤비 같은 매칭 플랫폼들이 주목받기 시작했다. 시게마쓰는 이 흐름이 곧 새로운 기회를 가져다줄 것이라 판단했다. 마침 공동 창업자가 CTO(최고기술책임자)였기에 기술 기반 플랫폼 구축도 어렵지 않았다.

놀랍게도 이후 변화는 예상을 뛰어넘었다. 공간 임대 시장 자체가 폭발적으로 성장한 것이다. 혼자 70개가 넘는 공간을 운영하는 임대 전문 사업자들까지 등장할 정도였다. 시게마쓰는 이 시장이 앞으로 더 커질 것임을 직감했다. 기술 발전이 그 확장을 가속화할 것이 분명했기 때문이다.

물론 시장이 얼마나 커질지는 누구도 정확히 예측할 수 없다. 그리고 애초에 정확하게 예측할 필요도 없다. 그보다 중요한 것은 큰 변화의 흐름이 생겼을 때 빠르게 올라탈 수 있는가다.

시게마쓰는 소규모 거래 사업에 대해 탄탄한 배경지식을 쌓은 뒤, 직접 공간을 임대해보며 강력한 수요를 몸소 확인했다. 이처럼 고객 인사이트를 사업으로 연결하려면 고객의 행동과 심리를 누구보다 깊이 이해해야 한다.

고객 인사이트는 계속 진화한다

이쯤에서 크라우드소싱 플랫폼 사업을 하는 크라우드웍스 사례를 살펴보자. 크라우드웍스는 2011년, 크라우드소싱 시장에 후발주자로 뛰어들었다. 하지만 상황은 불리하지 않았다. 당시 선행 기업들이 눈에 띄는 성과를 내지 못하고 있었기 때문이다.

선행 기업들의 서비스는 '남는 시간에 용돈을 벌자'는 콘셉트였다. 즉, 단가가 낮은 단발성 프로젝트에 집중해 고객의 수요를 깊이 이해했다고 보긴 어려웠다. 크라우드웍스는 정반대 길을 택했다. '전문 인재가 더 높은 단가로 일을 구할 수 있는 서비스'라는 콘셉트로 방향을 잡은 것이다.

그래서 처음부터 엔지니어와 디자이너처럼 전문성을 갖춘 인재를 주요 타깃으로 설정했다. 이들을 고객으로 끌어오기 위해 특정 언어 커뮤니티처럼 인재들이 모이는 행사에 적극적으로 참여하며 후원했다. 그 결과 약 2,000명의 사전 등록자를 확보할 수 있었다.

수요자 측면에서도 성과는 분명했다. 서비스를 출시하기 전에 기업들을 대상으로 서비스 방향을 알리자, 30여 곳에서 실제 일감을 등록하겠다고 의사를 밝혔다. 단순한 관심이 아니라 "이 플랫폼에서 당장 인재를 찾고 싶다"는 의미 있는 반응이었다.

이 사례는 고객 인사이트를 얻고 사업으로 전환하는 과정을 잘 보여준다.

- ☐ '크라우드소싱을 이용해 전문적인 일을 얻고 싶다', '일감을 등록해 인재를 찾고 싶다'라는 강력한 수요를 발견했다.
- ☐ 기존 서비스는 이 수요를 충족시키지 못한다.
- ☐ 자사는 이 수요에 맞는 서비스를 제공할 역량과 자신이 있다.

조직이 커지면 움직임은 느려진다. 그래서 새로운 콘셉트의 서비스를 만들 때 오히려 신규 진입자가 유리한 경우도 많다. 하지만 그렇다고 마음을 놓아선 안 된다. 선행 기업이 후발 주자의 움직임을 보고 발 빠르게 대응할 수도 있기 때문이다.

크라우드워크스는 처음에 온라인 중심의 서비스로 출발했다. 기술자와 기업이 온라인상에서 연결되고, 작업부터 납품까지 전 과정이 비대면으로 진행되도록 설계했다. 사용자의 편의성을 높이기 위한 결정이었다.

하지만 점차 고객이 진짜 중요하게 여기는 것이 무엇인지 더 명확해졌다. 기술자들은 안정적인 고액 일감을 원했고, 기업은 외부에 일감을 공개하는 것을 꺼렸다.

크라우드워크스는 이런 목소리에 주목했고, 온라인 매칭에만 머무르지 않는 서비스를 새롭게 출시했다. 그 결과, 매출은 큰 폭으로 성장했다.

고객 인사이트는 한 번 발견했다고 끝이 아니다. 시장과 수요는 계속 변한다. 그래서 성공한 사업가는 언제나 고객의 의견에 귀를 기울이고, 또 다른 인사이트를 찾기 위해 노력한다.

사장의 수첩에는 이렇게 쓰여 있었다.

미디어에 자주 나오는 사업 말고, 진짜 돈 버는 회사를 파헤쳐라.

조사하는 데 시간을 지나치게 허비하지 마라. 조사는 빠르게 마치고, 바로 검증해보는 것이 중요하다.

선행 기업을 모범 답안이자
오답 노트로 활용하라

이번에는 선행 기업을 통해 인사이트를 얻은 상황을 살펴보자. 여기서는 자동차 리스 사업을 운영하는 나일의 사례를 보겠다.

선행 기업으로부터 인사이트를 발견하라

아무리 성공할 것 같은 사업이어도 실현할 수 없으면 무의미하다. 막연히 감만 믿고 사업 계획서를 상사에게 올리면 반려되는 이유도 이 때문이다. 그래서 나일의 다카하시는 인사이트를 찾을 때 '이 사업을 어떻게 실현할 수 있을까?'를 항상 고민한다. 실행 방법까지 자세히 그릴 수 있어야 좋은 인사이트라고 생각하기 때문이다.

- **협업으로 실현 가능한 구조부터 설계하라**

다카하시는 '자동차 리스 회사와 협력해 자사는 차량을 소유하지 않고, 웹 마케팅으로 리스 상품을 판매하는 사업'을 구상했다. 이 방식의 핵심은 자산과 부채를 자사 대차대조표에 포함하지 않아도 된다는 점이다. 덕분에 재무 리스크를 줄이면서도 리스 시장에 진입할 수 있었다.

특히 인상적인 점은 사장 본인이 협업 후보인 딜러와 리스 회사의 담당자를 직접 만나 논의했다는 것이다. 업계 정보를 파악하는 동시에, 아이디어를 실제 사업으로 연결하기 위한 과정이었다. 그렇게 열 번이 넘는 협의 끝에 자동차 리스 상품을 만들 수 있었다.

• **형식적인 조사만으론 성공할 수 없다**

사실 다카하시는 자동차 산업에 대해 아무런 지식이 없었다. 심지어 자동차조차 없었다. 그런데도 그는 자동차 시장이 유망하다고 판단했고, 곧바로 조사를 시작했다.

그는 먼저 시장 보고서를 찾아 읽고, 국내외 사례도 철저히 분석했다. 그 과정에서 몇 가지 중요한 사실을 파악했다.

☐ 딜러는 제조사로부터 판매권을 받아 운영되며, 수익의 절반 이상을 정비 서비스에서 얻는다. 즉, 이 시장에 진입하려면 정비로 이익을 낼 수 있는 구조를 함께 고려해야 한다.

☐ 고객은 자동차 매장을 더 이상 정보 수집의 수단으로 여기지 않는다. 온라인에서 정보를 충분히 검토하고, 계약할 때만 매장을 찾는다.

☐ 수천만 원짜리 자동차를 온라인으로 계약하지는 않지만, 매월 수십만 원을 지불하는 자동차 리스는 계약한다.

그래서 다카하시는 두 가지 조건을 만족하는 사업 구조를 구상했다.

- ☐ 온라인에서 계약까지 마무리되는 구조
- ☐ 자산과 부채를 자사가 직접 보유하지 않는 구조

이처럼 조사는 단순히 정보를 모으는 과정이 아니다. 시장의 흐름을 파악하고 사업 기회를 확실히 잡는 과정이다.

앞에서도 말했듯, 조사는 철저히 하되 시간을 지나치게 들여선 안 된다. 한 영역에서 3개월을 조사하고, 다시 3개월 동안 가설을 세우고, 또 3개월 동안 자료를 정리하느라 시간을 허비하는 경우가 많다. 하지만 인사이트를 도저히 못 찾겠다면 미련 없이 다른 영역으로 넘어가야 한다.

사업에서 시간은 가장 중요한 자산이다. 너무 오래 조사만 하다 타이밍을 놓치는 사람에게 기회는 오지 않는다. 빠른 판단, 효율적인 움직임, 이것이 신사업 실무자에게 필요한 생존 전략이다.

• 따라 할 수 없는 구조를 만들어라

선행 기업으로부터 인사이트를 얻어 사업을 진행할 때 자사만의 역량적 차별성을 어떻게 갖출지가 중요하다. 나일은 다음 두 가지 차별화 요소를 확보했다.

- □ 자동차 리스 사업자와의 복잡한 협업 체계를 구축해 차별화된 서비스 제공
- □ 기존에 쌓은 마케팅 역량

사업의 최종 목표는 특별해 보이는 상품을 만드는 것이 아니다. 경쟁사가 쉽게 따라 할 수 없는 구조, 즉 구조적 우위를 만드는 것이 핵심이다. 그리고 그 우위를 기반으로 조직을 강화하고, 경쟁사와의 격차를 벌려야 성공할 수 있다.

사장의 수첩에는 이렇게 쓰여 있었다.

3개월 이상 조사하고도 인사이트를 얻을 수 없다면 방향이 틀린 것이다. 그 사업 아이템은 수첩에서 지워라.

2장

성과의 수준을 바꾸는 인사이트 활용법

신사업 담당자에게 인사이트는 '좋은 아이디어' 이상의 의미를 가진다. 사업 방향을 잡고, 전략을 짜고, 성과로 이어지는 출발점이 되기 때문이다. 특히 성공과 실패 사례를 분석하면 '자사의 강점을 어떻게 살려야 할지'가 명확해진다.

사업을 성공으로 이끌려면 마케팅, 영업, 상품 기획, 경영 관리, 제조 및 서비스 가운데 어떤 역량에 집중할지 판단해야 한다. 그리고 그 판단은 인사이트에 달려 있다.

이 장에서는 핵심 역량이 성패를 가른 실제 사례를 중심으로 살펴보겠다. 또한 선행 기업을 벤치마킹해 '우리만의 경쟁력'을 만드는 방법과 인사이트를 활용하는 법도 함께 보겠다.

선발 주자가 실패한 이유를
알아내라

성공한 사업가들은 선행자 인사이트를 중요시하지만, 보통 사업가들은 고객 인사이트에 더 집중하곤 한다. 아마 선행자 인사이트를 활용하는 방법을 잘 모르기 때문일 것이다. 그래서 이번에는 선행자 인사이트를 활용하는 방법을 설명하겠다.

어떤 사업이든 먼저 시작한 사람이 있다

선행자가 전혀 없는 영역은 찾기 어렵다. 심지어 아마존조차 세계 최초의 온라인 서점이 아니었다. 찰스 스택이 '북 스택 언리미티드 Book Stacks Unlimited'라는 온라인 서점을 먼저 선보였다.

하지만 가장 먼저 사업을 시작했다고 해서 쭉 1등을 차지할 수 있는 것은 아니다. 무언가를 처음 구상하는 능력과 그것을 성장시키는 능력은 완전히 다른 문제이기 때문이다. 실제로 후발 주자에게 1위의 자리를 내주는 경우도 적지 않다.

지금 구상 중인 사업이 소비자에게 정말 의미 있는 것이라면, 누군가 이미 비슷한 사업을 시도했을 가능성이 높다. 꼭 똑같은 서비스가 아니더라도 '영어 실력을 향상시킨다'거나 '적은 초기 비용과 낮은 신용도로 자동차를 빌려준다'는 가치를 실현한 선행자가 있을 것이다. 그렇기에 그들의 전략에서 실마리를 찾는다면, 유용한 인사이트로 활용할 수 있다.

단 한 가지로도 얼마든지 승리를 거머쥘 수 있다

신규 진입자는 선행자보다 거의 모든 면에서 불리하다. 운영 효율도 떨어지고, 충성도 높은 고객이나 개성 강한 브랜드도 없다. 따라서 무엇이든 이길 수 있는 단 한 가지를 찾아 확실하게 자리를 잡아야 한다.

무엇보다 자사의 부족한 부분이 사업의 성패를 가를 만큼 중요하지 않다면 그 부분에 집착할 필요 없다. 오히려 '어떤 부분에 집중하면 시장의 승자가 될 수 있는지' 검토해야 한다.

'새로운 시장에 뛰어들려면 참신한 상품을 만들어야 한다. 그렇지 않으면 높은 광고비와 영업비 때문에 수익을 내기 어렵다.' 나는 예전에 이런 착각을 했었다. 성공을 이끌 핵심 요인을 찾아 승리하는 전략을 몰랐던 것이다. 그러나 이제는 확실히 안다. 선행 기업을 확실히 이길 한 가지만 찾으면 얼마든지 승리를 거머쥘 수 있다.

사업의 성패를 결정하는 요소는 무엇인가?

여러 번 강조했듯이, 핵심 역량은 마케팅, 영업, 상품 기획, 경영 관리, 제조 및 서비스다. 이 역량들이야말로 사업 성공의 토대가 된다.

지금 소개할 투스톤&선스와 나일의 사례는 '고객을 얼마나 잘 유치할 수 있는가'에 초점을 맞춘 전략으로 시장에 뛰어든 경우다. 두 회사 모두 경쟁사보다 뛰어난 마케팅 역량을 갖췄다는 공통점이 있다. 하지만 뛰어난 역량을 갖췄다고 해서 항상 성공이 보장되지는 않는다. 지금부터 그 이유를 살펴보자.

• **고객 유치에만 집중한 대가는 빠른 철수였다**

투스톤&선스는 수익형 부동산 시장에 도전한 적이 있다. 그들은 어느 기업이 부동산 시장에서 안정적으로 성장하고 있다는 정보를 입수했고, 자사도 고객 유치력과 엔지니어링 역량으로 충분히 따라잡을 수 있다고 판단했다.

하지만 현실은 달랐다. 부동산 가격이 오르면서 수익형 매물을 확보하는 것조차 어려워졌기 때문이다. 아무리 마케팅으로 고객을 모아도 매물이 없다면 계약은 불가능했다.

당시에는 몰랐지만, 이 사업의 승패를 가를 핵심은 '고객 유치'가 아니라 '매물 확보'였다. 결국 투스톤&선스는 빠르게 상황을 정리하고 사업을 접었다. 이렇듯 사업의 성패를 결정하는 요소를 정확히 파악하지 않으면 성공할 수 없다.

• 잘 만든 게임이 실패한 이유

이번에는 나일의 게임 미디어 철수 사례를 살펴보자.

지금은 게임 사업에서 손을 뗐지만, 당시 나일이 만든 콘텐츠의 품질은 경쟁사보다 뛰어나다는 평가를 받았다. 그런데도 나일은 과감히 사업을 접었다. 마니아 팬층을 겨냥한 콘텐츠만으로는 수익 구조를 만들 수 없다는 판단에서였다.

당시 시장에서 '콘텐츠의 질'은 성공의 핵심 요인이 아니었다. 하지만 나일은 그 요소에 집중했고, 결국 성과를 내지 못했다. 이처럼 '우리만의 차별점은 무엇인가'에만 집착하다 보면 중요한 부분을 놓치기 쉽다.

그렇다면 무엇에 집중해야 할까? 정답은 생각보다 단순하다. 선행 기업이 중요하게 보지 않은 요소에 집중해야 한다. 단, 그 요소가 실제로 사업의 성패를 가르는 요인인지 반드시 검토해야 한다. 선행 기업도 중요하다고 여기지만, 조직적 제약으로 투자하지 못하는 빈틈을 찾아 공략할 때 의미가 있다.

예를 들어보자. 자동차 리스 시장에서 선행 기업들은 웹 마케팅의 중요성을 알고 있었지만, 내부에 전문 조직을 만들지 못했다. 하지만 나일은 웹 마케팅 역량을 갖추고 있었고, 이 차이를 발판 삼아 시장에 성공적으로 진입했다.

그러나 이때 마음을 놓으면 안 된다. 선행 기업도 곧 따라오기 때문이다. 그래서 후발 주자는 단시간에 승부를 내야 한다. 그들이 따라오기 전에 충분한 격차를 벌려야 살아남을 수 있다.

블루오션 전략, 독이 되지 않도록

가끔 '블루오션 전략'을 '완전히 새로운 시장을 창출하는 전략'이라고 착각하는 사람들을 본다. 그러나 이는 잘못된 해석이다. 블루오션 전략 홈페이지에 적힌 설명을 보자.

> Blue ocean strategy is the simultaneous pursuit of differentiation and low cost to open up a new market space and create new demand.
>
> It is based on the view that market boundaries and industry structure are not a given and can be reconstructed by the actions and beliefs of industry players.
>
> 블루오션 전략은 새로운 수요와 시장을 창출하기 위해 차별화와 저비용을 동시에 추구하는 것이다.
>
> 이는 시장의 경계와 산업 구조가 정해진 것이 아니라, 시장 내 참여자들의 의지와 행동에 따라 변할 수 있다는 시각에 기반한다.
>
> 출처: www.blueoceanstrategy.com

《블루오션 전략Blue Ocean Strategy》에는 일본의 미용실 체인 'QB하우스' 사례가 등장한다. 이곳은 단 10분 만에 머리를 자르는 간편한 서비스로 고객의 사랑을 받는 곳이다. '빠르고 저렴한 커트'라는 새로운 가치를 제공하며 전통적인 미용실 시장과는 다른 전략을 펼친 것이다.

미용실 시장은 경쟁이 치열하다. 하지만 비용을 낮추고 속도를 높이는 방식으로 접근하면 새로운 수요를 만들 수 있다.

저렴한 비용은 아니지만, 앞에서 이야기한 영어 교육 기업 프로그릿도 비슷한 전략을 사용했다. 이미 충분히 큰 영어 학원 시장에서 '개인 맞춤형 고급 영어 교육'이라는 서비스를 제공하며 다른 방향으로 접근한 것이다.

이처럼 블루오션 전략은 완전히 새로운 시장을 만드는 전략이 아니다. 기존의 대규모 시장 옆에 '약간' 다른 서비스를 만들어 수요를 창출하는 전략이다. 선행 기업들이 중요하게 여기지 않았던 고객층의 가치를 발견하고, 그들의 수요에 맞춘 서비스를 설계하면 새로운 고객도 얼마든지 끌어들일 수 있다.

그렇다면 QB하우스는 어떤 빈틈을 찾았을까? 이 기업은 머리를 자를 때 대화나 마사지는 필요하지 않다고 봤다. 그보다 빠르고 저렴한 서비스를 더 중요하게 여기는 고객이 많다고 생각한 것이다. 그래서 과감하게 실행에 옮겼다. 이는 고객의 감정을 깊이 이해했기 때문에 가능한 전략이었다.

하지만 선행 기업은 이런 도전을 하기 쉽지 않다. 오랜 시간 기존 서비스를 개선하며 노력해온 직원들의 반발이 생기기 때문이다.

또 하나 분명히 해야 할 점이 있다. 블루오션 전략을 '아이디어 하나로 쉽게 성공하는 방법'이라고 생각하면 안 된다. QB하우스 사례에서 알 수 있듯, 저비용과 새로운 가치 추구를 동시에 실현하려면 지속적인 노력이 필요하다. 처음부터 두 가지를 동시에 충족시키는 아이디어를 찾기는 어렵다.

반대로 레드오션, 즉 과도한 경쟁이 벌어지는 이유는 조직과 인간의 본성에서 비롯되는 경우가 많다.

예를 들어, 당신이 미용실을 운영하고 있는데, 근처 경쟁 업체가 '시원한 두피 마사지'로 인기를 끌었다고 해보자. 아마 대부분은 비슷한 마사지를 도입하거나, 더 좋은 서비스를 제공해야겠다고 생각할 것이다.

결국 서비스는 과잉되고, 고객이 원하는 수준을 넘어서게 된다. 그렇다고 시간이 지난 뒤에 "이제 마사지는 하지 말고, 커트로만 승부하자"라고 쉽게 말할 수 있을까? 안타깝게도 기업은 한 번 시작한 서비스를 멈추기 어렵다. 이미 형성된 이미지에 부정적인 영향을 줄 수 있기 때문이다. 이런 상황에서 신규 진입자는 "우리는 불필요한 서비스를 줄이고, 빠르고 저렴한 커트에 집중했습니다"라며 등장한다.

이처럼 레드오션에서는 공급 과잉으로 인해 고객 수요와의 불균형이 생긴다. 가령 TV나 카메라 시장의 '화소 경쟁'처럼, 과잉 서비스가 늘어날수록 합리적인 가격의 브랜드를 찾는 소비자가 나타나는 것이다. 이때 '최소한의 서비스로도 고객이 원하는 가치를 줄 수 없을까?'를 고민하면 새로운 사업 아이디어로 이어질 수 있다.

흥미롭게도, 저가 전략은 시간이 지나면 고가 전략으로 바뀌기도 한다. QB하우스 역시 그랬다. 처음에는 1,000엔대의 빠른 커트 서비스로 주목받았지만, 최근엔 'QB프리미엄(주력 브랜드는 1,350엔, QB프리미엄은 1,800엔)'이라는 브랜드도 운영하고 있다. 매장 인테리어를 고급스럽게 바꾸고, 숙련된 미용사를 배치하는 방식으로 가격을 높인 것이다. 이는 기본 사업 구조를 유지하면서 점차 고가 모델로 확장하는 전략이다.

만약 이 고가 모델이 성공하면, 기존 미용실 시장은 더 큰 압박을 받을 수밖에 없다. 저가로 시작해 고가 시장까지 넘보는 전략은 경쟁 업체 입장에서는 위협이기 때문이다. QB프리미엄이 앞으로 어떻게 전개될지는 미지수지만, 저가 전략에서 출발해 조금씩 확장하는 이 방식은 분명 주목할 만하다.

틱톡은 어떻게 시장을 장악했나

선행자 인사이트를 활용하면 한계에 부딪힐 것 같지만 사실 그렇지 않다. 전 세계적으로 성공한 서비스들 가운데에도 선행자 인사이트로 시작된 사례가 적지 않다. 대표적인 예가 틱톡이다.

틱톡의 모회사인 바이트댄스는 본래 뉴스 앱 '터우탸오^{今日頭条}'를 운영하던 기업이었다. 하지만 사람들이 긴 글보다 짧은 영상을 선호하기 시작하자, 콘텐츠 전략을 숏폼 중심으로 바꿨다. 그리고 이를 실제로 검증하기 위해 중국에서 '더우인^{Douyin}'을 출시해 시장 반응을 확인했다. 사용자의 반응은 예상보다 훨씬 뜨거웠다.

이 기업은 중국에서 성공을 거둔 뒤, 글로벌 시장 진입을 위해 중요한 결정을 내렸다. 당시 미국의 청소년 사이에서 인기를 끌던 숏폼 콘텐츠 앱 '뮤지컬리'를 인수해 자사 서비스와 통합한 것이다. 숏폼에 대한 수요는 고객 인사이트로 파악하고, 뮤지컬리라는 선행자를 통해 '세계 시장도 이끌 수 있다'는 확신까지 얻으면서 폭발적인 성장으로 이어진 셈이다.

대기업도 못 넘은 벽을 틱톡이 넘은 비결

틱톡의 성공 비결로 흔히 '추천 알고리즘'을 꼽는다. 하지만 그것만으로는 틱톡이 세계인의 사랑을 받게 된 이유를 온전히 설명하기 어렵다. 따라서 앞서 설명한 프레임워크로 틱톡의 성공 요인을 간단히 정리해보자.

① **영역 선정**

바이트댄스는 뉴스 앱을 운영하며 영업, 마케팅, 개발, 경영 관리 역량을 탄탄히 쌓았다. 광고 기반 앱 운영에 꼭 필요한 역량들이었다. 그리고 이 강점을 활용해 숏폼 콘텐츠 시장에 성공적으로 진입했다.

② **고객 인사이트 활용**

뉴스 앱 사용 데이터를 분석하면서 숏폼 콘텐츠에 대한 수요가 빠르게 증가하고 있다는 사실을 정확히 포착했다.

③ 선행자 인사이트 활용

숏폼 앱 '뮤지컬리'와의 통합 가능성을 검토해 세계 시장 진출의 발판을 삼았다.

④ 역량 확보

처음에는 숏폼 시장 경험이 없어 성과가 미미했다. 그러나 '더우인'을 운영하며 단 6개월 만에 필요한 역량을 갖췄다.

⑤ 체제

틱톡은 불과 10명 남짓한 소규모 팀으로 시작했다. 이 팀에는 사용자 제작 콘텐츠^{UGC} 플랫폼을 매각하고 바이트댄스에 합류한 켈리 장도 있었다. 이후 CEO가 직접 사업을 지휘하며 대규모 투자를 빠르게 집행할 수 있는 민첩한 조직 구조를 갖췄다.

⑥ 경쟁력 확보

후발 주자이다 보니 초기에는 경쟁력이 약했다. 그러나 창의적인 사용자들이 재미있는 콘텐츠를 지속적으로 올리면서 경쟁사의 추격을 따돌릴 수 있었다.

틱톡처럼 사용자와 밀접하게 연결된 플랫폼은 단기간 투자만으로는 구축할 수 없다. 실제로 막대한 예산을 투입한 글로벌 IT 기업조차 틱톡을 따라잡지 못했다.

벤치마킹해서 시작해도 승부는 인사이트로 난다

새로운 시장에 진입할 때 벤치마킹은 가장 실용적인 전략 중 하나다. 실제로 많은 기업이 이 방법으로 성과를 냈다. 접근 방식은 다음과 같다.

- ☐ 돈을 잘 버는 기업의 서비스를 벤치마킹하여 진입한다.
- ☐ 벤치마킹을 토대로 기획, 개발, 운영하면서 역량을 키운다. 동시에 인사이트를 찾기 위해 노력한다. 이 단계에서는 경쟁력이 낮아 수익성도 낮다.
- ☐ 인사이트를 발견하면 집중 투자해 경쟁력을 확보한다.

그런데 시작 단계에서는 '인사이트를 발견할 수 있을지', '경쟁력을 어느 정도 확보할 수 있을지' 불확실하다. 이 불확실성을 얼마나 잘 극복하느냐에 사업의 성패가 달렸다. 그래서 벤치마킹을 통한 진입은 높은 리스크를 감수해야 한다.

실제로 적자를 감수하면서 버텨낸 기업도 꽤 많다. 대부분 경쟁이 워낙 치열한 시장이라 리스크를 줄이면서 차근차근 단계를 밟아나가기 어려웠기에 한 선택이었다.

반면, 경쟁이 덜한 시장이라면 소규모 투자로도 벤치마킹 전략을 시도할 수 있다.

다만 이 전략을 세울 때 "우리 회사의 경쟁력은 무엇인가? 어떻게 경쟁사를 이길 것인가?"라는 질문을 받을지도 모른다. 그때는 "아직 경쟁력이 약하지만, 인사이트를 찾고 필승 전략을 세우겠습니다"라고 답하면 된다.

만약 "언제쯤 수익을 낼 수 있겠는가?"라며 즉각적인 성과를 요구받는 경우에는 벤치마킹 전략이 성립하기 어렵다. 이 방법은 단기 성과보다 장기적인 성장 가능성을 전제로 하기 때문이다.

벤치마킹 초기에는 역량이 부족할 수밖에 없다. 그래서 처음부터 선행자만큼 성과를 내긴 어렵다.

따라서 벤치마킹 전략을 쓴다면 진입 이후에 고군분투하며 역량을 쌓아야 한다. 인사이트를 발견하고 역량을 확보한 기업만이 선행자를 넘어설 수 있다.

항상 잘되는 회사를 분석하라

종종 자사의 실적은 부진한데, 경쟁사는 성장할 때가 있다. 이럴 때 흔히 '우리 회사와 안 맞는 사업이다', '시장 선정을 잘못했다'는 식으로 전략 탓을 한다. 하지만 사실 노력이 부족해서인 경우가 많다.

경쟁사의 성장은 긍정적으로 받아들여야 한다. 충분히 성장 가능성이 있는 시장이라는 증거이기 때문이다. 반대로, 비슷한 사업을 하는 회사들이 전부 고전하고 있다면 전략을 다시 살펴봐야 한다.

성공한 사업가들은 성과를 내는 기업에 대한 정보를 얻기 위해 모든 수단을 동원한다. 실제로 사장 모임에서 항상 빠지지 않는 화제는 '요즘 잘되는 회사 이야기'다.

'어느 기업이 어떤 상품을 누구에게 얼마에 팔고 있으며, 왜 그렇게 잘 팔리는지'를 꼭 알아야 한다. 이러한 기본 정보조차 모르는 상태로 사업을 성공시키기 어렵다.

단, 특정 서비스 출시나 언론 노출만을 기준으로 성공 여부를 판단하는 태도는 위험하다. 언론에 노출됐다고 해서 사업이 잘되고 있는 것은 아니다.

뛰어난 사업가가 되고 싶다면 지금부터라도 돈을 잘 버는 기업을 파악하고, 그들이 왜 잘 되는지 분석하는 습관을 들여라. 그러면 어느 순간 자신도 그 위치에 오를 것이다.

사장의 수첩에는 이렇게 쓰여 있었다.

모든 걸 이기려 하지 말아라. 단 하나라도 확실히 이길 수 있는 사업을 찾아라.

초반에 수익이 나지 않는다고 조바심 내지 마라.

유능한 사장은 왜
'너무 새로운 생각'을 경계할까?

인사이트는 독창적이어야 한다. 하지만 '너무 독창적'인 생각은 오히려 위험하다. 아무도 공감하지 못하는 인사이트는 착각 혹은 망상일 뿐이다. 실제로 "세상에 없던 시장을 만들겠어!"라고 외치다 사라진 사업가가 셀 수 없이 많다.

사업은 얼마나 독창적이어야 할까?

한 사업가는 "경쟁 서비스와 아주 조금 다른 상태를 지향하라"고 조언한다. 가령 당근마켓이 단순히 중고거래 플랫폼을 지향했다면 특별하지 않았을 것이다. 하지만 당근마켓은 '동네 사람끼리 거래하자'라는 지역 기반 전략으로 접근했다(이해를 돕기 위해 국내 사례를 예로 들었다). 이 작은 차별점이 곧 인사이트였다.

물론 모든 차별화 전략이 시장에서 통하지는 않는다. 너무 엉뚱한 차별점은 고객의 공감을 얻지 못한다.

사실 사업가에게 주어진 자유는 생각보다 좁다. 독창성을 추구한다는 이유로 뭐든 할 수 있는 것은 아니다. 증권거래소에 새롭게 상장한 기업들만 살펴봐도 알 수 있다. 대부분의 제품이나 서비스는 평범해 보인다. 그러나 자세히 들여다보면 그들 역시 '아주 미묘한 차이'를 찾아 치열하게 경쟁하고 있다.

지나친 독창성은 때때로 사업을 망치기도 한다. 진정한 실력자는 '적당히 다른 부분'을 찾아내는 사람이다.

독창적인 사업을 원한다면 시간을 들여라

독창적인 사업을 하려면 그만큼의 각오가 필요하다. 특히 많은 시간을 들일 준비가 되어 있어야 한다.

예컨대 누군가 "업무 시간의 20% 정도만 투자해 완전히 새로운 사업을 만들어보겠다"라고 말한다면 나는 독창성의 수준을 낮추라고 조언하고 싶다. 그래야 사업을 실행할 수 있다.

반대로 "성공만 할 수 있다면 무엇이든 하겠다. 사업이 성공할 때까지 쉬지 않아도 괜찮다"라고 말하는 사람이 있다면, 나는 그에게 좀 더 독창성을 추구해보라고 말하고 싶다. 주로 젊은 사업가들이 이런 편인데, 이처럼 시간을 아낌없이 투자할 생각이 있다면 독창적인 사업으로 성공 확률을 높일 수 있다.

투자할 수 있는 시간과 추구하는 독창성의 수준은 균형을 이뤄야 한다. 얼마든지 시간을 들일 결심이 섰다면 독창성의 수준을 높여도 좋다.

실리콘밸리를 무작정 따라 하면 안 되는 이유

독창적인 사업 전략을 이야기할 때면 실리콘밸리가 자주 언급된다. 세계에서 가장 혁신적인 기업들이 모인 곳이기 때문이다. 하지만 실리콘밸리의 전략을 그대로 따르는 것은 위험할 수 있다. 그들이 전제하는 자원과 환경은 보통의 기업이 처한 현실과는 너무 다르기 때문이다.

실리콘밸리는 막대한 자원을 쏟고 큰 리스크를 감수하며 독창성을 추구한다. 만약 이런 차이를 무시한 채, 실리콘밸리처럼 큰 리스크를 감수하며 무리하게 자원을 투입하면 결국 실패로 이어지기 쉽다.

사업 전략은 현실에 맞게 세워야 한다.

인터넷에 '스티브 잡스는 이렇게 했다'라는 식의 글이 넘쳐난다. 그러나 그를 무턱대고 따라 한다고 해서 모두 성공할 순 없다. 성공하고 싶다면 먼저 '지금 처한 환경이 그와 비슷한지' 고민해야 한다.

물론 실리콘밸리에서 나온 수많은 전략과 성공 사례는 참고할 만하다. 하지만 그것이 항상 정답은 아니다.

뻔한 선택은 실패로 이어질 뿐이다

인기 있는 사업 아이템일수록 색다르게 접근해야 한다. 경쟁이 치열하기 때문이다.

예를 들어, 고령화 문제와 관련된 사업을 구상 중이라고 해보자. 고령화는 누구나 알고 있는 대표적인 사회문제다. 그만큼 이미 수많은 기업이 이 영역에 진입했다.

이런 경우에 와이 콤비네이터는 먼저 '실패한 기업들의 실패 이유'를 조사하라고 조언한다. 나도 이 의견에 동의한다. 이미 많은 사람이 주목한 문제를 비슷한 방식으로 해결하려고 해봤자 실패하기 쉽기 때문이다.

실제로 '고령화는 중요한 문제다'처럼 뻔한 인식만으로 시장에 뛰어들었다가, 수익도 내지 못한 채 조용히 철수한 기업이 수두룩하다.

이처럼 경쟁이 치열한 시장에서 살아남으려면 반드시 차별화된 전략이 필요하다. 누구나 아는 문제를 선택하면서 남다른 각오도 없고, 차별화된 인사이트나 특별한 실행력도 없다면 결과는 뻔하다.

'이 영역을 선택한 이유가 너무 뻔하진 않은가?', '남들보다 더 잘할 수 있다고 판단한 근거는 무엇인가?' 항상 이런 질문을 던지며 인사이트를 점검해야 실패 확률을 줄일 수 있다.

사장의 수첩에는 이렇게 쓰여 있었다.

사업을 성공시키고 싶다면 '미세한 차이'에서 출발하라. 무작정

'무에서 유'를 만들려다가 실패하고 만다.

'누구나 아는 문제'를 사업 아이템으로 선택했다면 그 누구도 생각하지 못한 방식으로 풀어야 한다.

고객과 경쟁자, 성공한 사장은
누구를 먼저 봤을까?

신사업을 만들 때 고객 인사이트와 선행자 인사이트는 모두 방향을 제시해준다. 다만, 어느 쪽에 더 무게를 둘지는 자사의 상황에 따라 달라진다. 따라서 자사 상황에 맞는 균형을 고려해 두 인사이트를 조화롭게 활용하는 안목이 필요하다.

하지만 종종 한쪽에만 몰두하는 기업을 보곤 한다.

☐ 경쟁자에게 얻을 건 없다. 오로지 고객에게만 집중해야 한다. (고객 인사이트에만 집중)

☐ 돈 잘 버는 기업을 흉내만 내도 잘 팔린다. (선행자 인사이트에만 집중)

왜 이런 현상이 나타날까? 바로 경쟁 전략이 다르기 때문이다.

예를 들어, 영어 교육 기업인 프로그릿은 교육 산업 특성상 고객 인사이트에 철저히 집중한다. 반면, 투스톤&선스는 마케팅 경쟁에서 이길 수 있는 시장만 골라 들어간다. 즉, 선행자의 마케팅 역량을 분석해 자사 역량으로 따라잡을 수 있을 때만 진입하는 것이다.

단, 이때 주의할 점이 있다. 두 인사이트 중 어디에 중심을 두든 다른 쪽을 소홀히 하면 안 된다. 방금 본 기업 역시 인사이트의 비중이 달랐을 뿐, 두 가지 인사이트를 모두 파악한 후 전략을 세웠다.

그렇다면 이번에는 각각의 인사이트를 중심에 둔 전략이 실제로 어떻게 작동하는지 구체적으로 살펴보자.

고객 인사이트를 기반으로 한다면

고객 인사이트를 기반으로 할 때는 고객 중심 철학을 실제로 구현할 수 있는 조직 구조를 만드는 것이 중요하다. 조직과 시스템 구축에 꾸준히 힘쓰지 않으면 성장할 수 없다.

예를 들어, 영어 교육 기업인 프로그릿은 전 직원을 정규직으로 전환해 공동 목표를 추구하는 조직 문화를 만들었다. 이러한 문화는 직원들의 소속감을 강화할 뿐 아니라, 일관된 품질과 서비스 개선으로 연결된다.

또 다른 사례인 의류 기업 유토리는 독창적인 콘셉트를 만들고 유지하는 역량이 핵심이라 판단하고, 콘셉트 기획에 능한 인재를 채용하는 전략을 세웠다.

두 기업은 모두 독창적인 방식과 실행력을 유지했고, 그 결과 사업 확장에도 성공했다. 이처럼 고객 인사이트를 기반으로 하는 기업은 조직 차원에서 얼마나 독창성을 유지하며 일관된 품질의 서비스를 꾸준히 제공할 수 있을지에 집중한다.

보통 이런 기업들은 콘셉트를 만드는 데 능숙해서 다양한 상품을 자주 출시하는 경향을 보인다. 대표적으로 유토리는 여러 브랜드를 성공적으로 론칭했으며 화장품 업계에도 진출했다.

이렇듯 고객 인사이트를 기반으로 상품을 만드는 데 익숙해지면 연이어 상품을 출시하고 사업을 확장할 수 있다.

선행자 인사이트를 기반으로 한다면

선행자 인사이트를 기반으로 하는 기업은 효율성을 추구한다. 이들은 선행 기업의 성공 전략을 분석해 따라가되, 그저 따라 하는 데 머물지 않는다. 오히려 그늘에서 벗어나기 위해 고객을 깊이 이해하며 경쟁력을 키운다.

예를 들어, 자동차 리스 서비스를 운영하는 나일은 고객의 의견에 귀 기울이며 계속 서비스를 개선한다.

이런 기업들은 자사의 역량을 바탕으로 영역을 넓히 데 익숙하다. 특히 이들은 영업이나 마케팅 역량이 강한 편이며, 이를 기반으로 시장을 탐색하고 빠르게 움직인다.

실제로 투스톤&선스는 엔지니어 매칭 플랫폼에서 시작해 프로그래밍 학원, M&A 중개 서비스까지 확장했다.

고객 인사이트와 선행자 인사이트, 무엇이 더 중요할까?

고객 인사이트와 선행자 인사이트 중 무엇이 더 낫다고 말할 수는 없다. 앞서 말했듯, 자사 역량과 전략 방향에 따라 더 적합한 인사이트에 비중을 두는 것이 중요하다. 단, 다른 인사이트에 아예 신경을 끄면 안 된다.

예를 들어, 독창적인 콘셉트를 만들어 경쟁력을 갖추는 데 강하다면 고객 인사이트 중심의 전략이 효과적이다. 반면, 뛰어난 실행력과 견고한 시스템으로 빠르게 시장을 장악할 수 있다면 선행자 인사이트 중심의 전략이 유리하다.

'지금까지 자사가 어떻게 새로운 영역에 진입했고, 어떤 전략으로 성과를 냈는가?'를 고민해보면 무엇에 집중해야 할지 판단할 수 있을 것이다.

사장의 수첩에는 이렇게 쓰여 있었다.
고객만 봐도 시장을 놓치고, 경쟁자만 봐도 고객을 잃는다. 그러니 한쪽에 비중을 두더라도 다른 쪽도 신경 써라.
자사가 과거에 어떻게 성공했는가 돌아보라. 그러면 어떤 전략을 세워야 할지 알게 될 것이다.

인사이트에
정답은 없다

인사이트는 소수만 동의한다

페이팔의 공동 창업자이자 투자자로도 큰 성공을 거둔 피터 틸은 그의 저서 《제로 투 원》(한국경제신문사, 2025)에서 이렇게 말했다.

"정말 중요한 진실인데 다른 사람들이 동의해주지 않는 것은 무엇입니까?"

이는 인사이트를 뜻한다. 인사이트는 경험과 배경지식, 현재 상황이 결합되어 도출되는 고유한 해석이다. 다시 말해 '사람이나 기업은 이렇게 움직일 것'이라는 해석을 말한다.

만약 객관적인 근거가 충분하고 누구나 동의하는 인사이트라면, 그에 따른 수익률은 국채처럼 낮고 안정적일 것이다.

하지만 새로운 사업은 본질적으로 불확실하다. 모두가 이해할 수 있고, 근거도 명확하며 수익도 높은 인사이트란 애초에 찾기 어렵다. 결국 "인사이트를 논리적으로 설명하라"고 요구하는 것은 인사이트 발견자의 동기를 꺾을 뿐이다.

앞에서도 말했듯, 인사이트는 비슷한 경험과 지식을 가진 사람들 사이에서만 자연스럽게 공유되기 쉽다. 같은 팀 직원이나 동일 산업권의 소수 인원이 비슷한 인사이트를 갖는 이유도 여기에 있다. 그래서 창업은 소수일수록 좋다고 말하는 것이다.

수치보다 역량에 집중한 구글

이를 뒷받침하는 사례로 구글의 일화를 살펴보자. 대학생 창업가의 손에서 탄생한 구글은 창업 당시 검색엔진 시장에 진입한 18번째 기업이었다.

사업 초기에 구글은 벤처 투자자인 존 도어John Doerr 앞에서 프레젠테이션을 진행했다. 그런데 총 17장의 발표 자료 중 숫자가 적힌 슬라이드는 단 2장뿐이었다. 심지어 비즈니스 모델에 대한 설명도 없었다.

공동 창업자인 래리 페이지가 강조한 것은 단 하나였다. "기존 검색엔진의 품질은 형편없고, 우리는 그보다 훨씬 정확하고 빠른 기술을 갖고 있다." 만약 당신이 투자자였다면 이 발표만 듣고 구글에 투자했을까?

결과적으로 구글은 투자를 받는 데 성공했다. 존 도어는 그들의 인사이트가 충분히 가치 있다고 본 것이다. 그 판단의 근거는 아마도 다음 세 가지였을 것이다.

- ☐ 검색엔진의 승자는 엄청난 가치를 지닐 것이다.
- ☐ 정확성과 속도가 핵심인 시장에서 구글의 방식은 충분히 이길 수 있다.
- ☐ 구글의 창업자들은 강한 성공 의지와 뛰어난 역량을 갖추었다.

'검색엔진으로 돈을 벌 수 있을까?', '좋은 기술이지만 다른 기업이 금세 따라 하진 않을까?' 같은 의문이 앞섰다면 투자하기 어려웠을 것이다. 참고로 당시에는 검색엔진 시장의 승자에게 큰 가치가 생길지조차 확실하지 않았다. 실제로 야후는 검색엔진을 외부에 맡겨도 문제없다고 생각했다.

또한 기술 지식이 없었다면 구글의 방식이 기존 기업들보다 정말 더 나은지 판단하기 힘들었을 것이다. 나아가 창업자의 성공 의지를 평가하려면 사람을 보는 안목도 필요하다. 당시 래리 페이지는 "예상 매출이 얼마나 될 것 같나?"라는 질문에 "100억 달러"라고 답했다고 한다. 이 대답 하나로 모든 걸 판단할 순 없지만, 사업가의 야망만큼은 분명히 전달됐을 것이다.

때로 투자자는 사업 아이템보다 사업가의 역량을 보고 투자한다. 와이 콤비네이터가 에어비앤비에 투자할 때도 마찬가지였다. 에어비앤비의 창업자들은 미국 대선 당시, 오바마와 매케인의 얼굴을 시리얼 상자에 인쇄해 판매하며 자금을 마련했다. 와이 콤비네이터는 이처럼 창의적인 인사이트와 빠른 실행력을 높이 평가했다.

구글의 사례 역시 창업자의 인사이트를 신뢰하지 않았다면 투자하기 어려웠을 것이다. 물론 투자자가 사업가의 모든 전략을 믿을 필요는 없다. 그저 본인이 확신하는 만큼만 투자하면 된다.

사업가의 역량은 기업의 성장에 지대한 영향을 미친다. 우버를 성장시킨 트래비스 캘러닉^{Travis Kalanick} 역시 반짝이는 인사이트와 강한 추진력으로 회사를 글로벌 기업으로 이끌었다.

모든 시장에서 인사이트를 얻겠다는 욕심을 버려라

특정 시장에서 날카로운 인사이트를 찾았다고 해서, 다른 시장에서도 똑같은 통찰력을 발휘할 수 있는 것은 아니다. 새로운 시장에 대한 이해가 부족하다면 아무리 애써도 인사이트는 쉽게 떠오르지 않는다.

그래서 어떤 사업가는 한 분야에서 큰 성공을 거두고도, 새로운 영역에선 고전하기도 한다. 반대로 오랜 시간 주목받지 못했던 기업이 단 한 번의 인사이트로 역전의 기회를 얻기도 한다.

대표적인 사례가 엔비디아의 젠슨 황이다. 그는 시장을 깊이 이해한 뒤 아무도 예상하지 못한 방식으로 판을 흔들었다.

• 현재보다 미래를 준비한 엔비디아의 고객 인사이트

엔비디아는 최근 가장 주목받는 기업 중 하나다. 특히 이 기업이 고객 인사이트를 어떻게 해석했는지 주목할 필요가 있다.

- ☐ 3D 그래픽 반도체 산업은 무어의 법칙(반도체 칩의 성능이 약 2년마다 2배로 향상된다는 법칙)에 따라, 장기간에 걸쳐 성능이 비약적으로 향상된다. 이 때문에 현시점에서는 '초과 성능'처럼 보이는 제품이라도, 다음 해에는 고객이 원하게 된다.
- ☐ 대부분의 경쟁사는 현재 수요에 맞춰 제품을 개발한다. 그래서 시대에 뒤처진 제품을 내놓기 쉽다. 결국 고객이 진짜 원하는 제품과 실제 시장에 나온 제품 사이에는 항상 격차가 생긴다.
- ☐ 엔비디아는 이 틈을 찾고, 수요보다 앞선 고성능 제품을 계속 출시하며 경쟁력을 다졌다.

엔비디아가 반도체 시장에 진입했을 당시에는 이미 200곳이 넘는 경쟁사가 존재했다. 말 그대로 시장은 포화 상태였다. 그래서 리스크가 큰 전략을 선택할 수밖에 없었다. 그러나 결과적으로 이 전략은 큰 성공을 거두었다. 고객의 인사이트를 찾아 수요보다 한 발 앞서 제품을 내놓는 역량. 그것이 엔비디아의 진짜 경쟁력이었다.

잘 팔리는 제품을 보며 인사이트 감각을 키워라

잘 팔리는 상품의 공통점을 찾다 보면 인사이트 발견 감각이 길러진다. 단순히 자료나 기사를 읽으며 이유를 추측하는 것보다 직접 고객이 되어 보는 편이 훨씬 효과적이다.

예를 들어, '비싼 고급 브랜드는 왜 팔릴까? 효과가 적은 건강 보조 식품은 왜 잘 팔리는 걸까? 사람들은 왜 온라인 방송에 후원금을 보내고, 기업은 왜 탄소 배출량 감축에 진심일까?' 이런 질문에 답해보면 인사이트를 찾는 힘이 길러진다.

하지만 한 가지 주의할 점이 있다. 고객과 인터뷰해 얻은 답변을 그대로 믿으면 안 된다는 점이다.

예컨대 "왜 온라인 방송에 후원금을 보내나요?"라고 물으면 대부분은 적당한 이유를 둘러댄다. 이처럼 표면적인 대답을 그대로 믿으면 해당 콘텐츠가 돈을 버는 진짜 이유를 놓치게 된다.

마찬가지로 언론 기사나 인터뷰로 접하는 내용도 그대로 믿으면 안 된다. 이 역시 대부분 표면적인 의견일 뿐임을 감안하고 냉정하게 분석해야 한다.

인사이트는 '반드시 찾겠다'는 마음으로 집요하게 탐색할 때 비로소 드러난다. 또한 인사이트는 사업을 만드는 모든 과정에서 끊임없이 탐색해야 한다. 사실 시장성 검증이 조금만 어려워 보여도 바로 포기하거나, 의무적인 고객 인터뷰만 몇 번 하고선 "안 되겠다"며 신사업을 접는 경우가 많다.

하지만 새로운 사업은 본래 불확실하고 어렵다. 그 불확실함을 이유로 멈춘다면 어떤 사업도 시작할 수 없다.

따라서 신사업을 준비하는 실무자라면 '불확실하더라도 반드시 해내겠다'는 자세로 인사이트를 끝까지 파고들어야 한다.

사장의 수첩에는 이렇게 쓰여 있었다.

고객은 돈으로 말한다. 표면적인 의견을 곧이곧대로 믿지 말고, 잘 팔리는 상품을 눈여겨보라.

잘되는 사장도 새로운 시장에서는 신입일 뿐이다. 그러니 시장을 제대로 이해하는 데 시간을 아끼지 마라.

새로운 사업은
정답을 만드는 과정이다

무엇을 만들지 먼저 생각하라

보통 사업가들은 문제를 정의하고 해결책을 찾는 동시에, 그것이 사업으로 이어질 수 있는지 함께 검토하며 움직인다. 하지만 실제로 성공한 사업을 보면 해결책부터 떠올리는 경우도 적지 않다.

예를 들어, 스페이스마켓은 '기술이 발전했으니 공간 대여 플랫폼도 가능하지 않을까?'라는 아이디어에서 출발했다. 처음부터 문제를 정의하고 접근한 것이 아니었다. 사업 아이디어를 떠올린 뒤에야 공간 소유자와 이용자의 수요를 파악하며 문제를 정의했다.

사업의 성패는 그 수요를 충족시킬 수 있는 구체적인 방식, 즉 '무엇을 만들지' 먼저 떠올릴 수 있느냐에 달려 있다. 실제로 스페이스마켓의 대표는 '플랫폼'이라는 해결책을 먼저 떠올렸다. 이런 방식은 다른 성공한 사업가들에게서도 확인할 수 있다. 그들은 나중에 기능을 구체화할 때 문제 해결 관점을 덧붙인다.

문제 해결과 가치 강조, 무엇에 초점을 맞출까?

신사업 기획은 문제 해결에 초점을 둘지, 고객이 얻는 가치에 초점을 둘지에 따라 접근 방식이 달라진다. 가령 콜센터 문의 건수를 줄일 소프트웨어를 구상 중이라고 가정해보자. 콜센터 문의 건수, 즉 '콜량'을 줄이려면 먼저 문의가 발생하는 이유를 분석해야 한다. 그런 다음 우선순위가 높은 항목을 소프트웨어로 자동화할 방법을 찾으면 된다. 이처럼 문제 중심으로 생각하면 필요한 기능을 도출하기 쉬워진다.

실제로 많은 콜센터가 콜량을 줄이고 싶어 한다. 이런 기업에 "우리 서비스는 콜량을 반으로 줄여드립니다"라고 제안하는 접근 방식은 분명히 효과적이다. 이때 먼저 고객이 바라는 '이상적인 상태'를 명확하게 그리고, 이를 실현하기 위해 단계를 세분화해서 문제를 정의해야 한다.

하지만 고객이 문제 자체를 인식하지 못하면 문제 해결 중심으로 접근해도 충분한 효과를 얻기 어렵다. 이럴 때는 먼저 그들에게 이상적인 가치를 제안해야 한다. 가령 "상담사의 피로도를 낮추고, 고객 만족도를 높입니다"라고 접근하는 것이다. 이러한 사고방식을 '가치 중심 사고'라고 부른다.

문제 해결 접근법은 논리적으로 설명하기 쉬워 다양한 사업에서 활용하기 좋다. 하지만 감정을 자극하거나 감성에 호소하는 상품이라면 '가치 중심'으로 접근하는 편이 효과적이다. 가령 "이 향수를 뿌리면 당신도 우아한 사람이 될 수 있어요. 멋지지 않나요?"라고 제안하는 것이다. 이때 고객의 마음을 움직일 만한 '가치'가 있는지 따져봐야 한다.

실제로 사업을 구상할 때 '이런 가치가 있다면 사람들이 좋아하지 않을까?'라는 생각에서 출발하는 경우가 많다. 이런 경향은 특히 게임이나 의류 브랜드처럼 감정과 취향이 중요한 분야에서 두드러진다. 생각해보라. 논리적으로 문제를 분석한다고 해서 재미있는 게임이나 매력적인 의류 브랜드가 탄생하지는 않는다.

결국 '문제 중심'과 '가치 중심' 중 무엇으로 접근할지는 사업 특성에 따라 달라진다. 모든 사업을 하나의 관점으로 접근하려는 태도는 주의해야 한다.

문제를 해결하면 고객이 따라온다

문제 해결 방식은 사업 아이디어를 구상할 때뿐만 아니라 영업과 마케팅을 할 때도 유용하다.

예를 들어, 고객을 만나는 영업 현장을 떠올려보자. 보통 고객에게 이렇게 설명할 것이다.

"고객님, 이런 고민 있으시죠? 저희는 이렇게 해결해드립니다. 비슷한 서비스를 제공하는 다른 회사보다 저희가 나은 이유는……."

이처럼 문제를 해결할 방법을 자연스럽게 설명하다 보면 고객은 훨씬 쉽게 설득된다.

불특정 다수를 대상으로 하는 마케팅 메시지도 마찬가지다. "저희 서비스는 이런 문제를 해결합니다. 이 문제를 겪고 있다면 써보세요"라는 말이 공감대를 만들고 고객을 모은다.

또한 프레젠테이션을 할 때도 '무슨 문제를 어떻게 해결할 것인가'라는 관점에서 접근하면 훨씬 설득력이 높아진다.

이렇듯 문제 해결 방식은 사업 기획뿐 아니라 영업, 마케팅, 커뮤니케이션 전반에 통하는 실전형 사고법이다.

기회는 보고서 속에 없다

인사이트는 시장에서 찾아야 한다. 아무리 자료를 조사하고 분석 보고서를 써도 인사이트는 떠오르지 않는다.

그런데도 일부 기업은 '수요는 충분한가? 우리 역량은 경쟁사보다 뛰어난가? 경쟁력을 오래 유지할 수 있는가?' 같은 틀에 맞춘 보고서에 지나치게 집착한다. 그리고 이런 틀에 익숙해진 신사업 담당자들은 고리타분한 아이디어에 갇히고 만다.

보고서를 작성하기 위해 시장을 분석하려면 오랜 시간이 걸린다. 그러나 안타깝게도 정작 인사이트는 잘 나오지 않는다. 특히 초기 단계에서는 아무리 설득력 있게 보고서를 써도, 그럴듯한 수치가 없으면 신뢰를 얻기 어렵다.

신사업 실무자에게 중요한 것은 '실행'이다. 고객과 가까운 현장을 뛰고, 다양한 가설을 직접 검증하며 사업 방향을 잡아야 한다. 그러니 보고하기 위한 분석보다 진짜 시장 반응을 먼저 확인하라.

신사업은 속도가 곧 기회다. 사무실 안에서 오래 고민할수록, 시장에서의 기회는 사라진다.

모든 사업에 맞는 만능 전략이 있을까?

린 스타트업 Lean Startup 은 짧은 시간 안에 최소 기능 제품 MVP 을 만들어 시장 반응을 확인하고, 이를 바탕으로 꾸준히 개선하며 성장하는 방식을 말한다. 이 방법론은 문제 해결 중심 접근을 강조한다.

하지만 과연 이 방식이 모든 사업에서 효과적일까? 당연히 그렇지 않다.

예를 들어, 영어 교육 기업인 프로그릿의 경우를 보자. 이 기업은 사업 초기부터 완성도 높은 서비스를 시장에 출시했다. 만약 소프트웨어 기반 사업이었다면 완벽한 제품을 개발하는 데만 수년이 걸렸을 것이다. 그러나 교육 서비스였기에 완벽한 서비스를 빠르게 선보일 수 있었다.

사실 린 스타트업은 클라우드 기반 소프트웨어나 디지털 서비스처럼 반복적으로 개선할 수 있는 사업에 적합하다. 교육 서비스 같은 사업에는 그리 효과적이지 않다.

많은 사업가가 참고하는 실리콘밸리식 전략 또한 글로벌 확장을 전제로 설계되어 있다. 그래서 소규모 브랜드를 운영하거나 지역 기반 매장 사업을 준비하는 경우에는 유용하지 않다.

린 스타트업뿐 아니라 대부분의 경영 방법론은 특정한 환경과 산업을 전제로 한다. 40년 전의 경영서는 제조업에 집중했고, 요즘의 스타트업 서적은 대부분 클라우드 기반 소프트웨어에 집중한다.

결국 어떤 전략이든 그 배경과 전제를 제대로 파악하지 않으면 잘못된 방식으로 사업을 설계하게 된다. 기억하라. 모든 사업에 맞는 만능 전략은 없다.

사장의 수첩에는 이렇게 쓰여 있었다.

해결책을 팔 것인가, 가치를 팔 것인가. 지금 준비 중인 사업의 성격에 따라 선택은 달라져야 한다.

신사업 계획서를 올리기 전에 확인해야 할 것들

사장은 전략을 구체화하는 동시에 실행에 들어간다. 내부에서 승인을 받을 필요가 없기 때문이다. 물론 구체적인 사업 실행 계획은 직원들과 함께 세우지만, 사업을 추진하는 데 제약을 받지는 않는다.

하지만 직원이 신사업을 추진할 때는 다르다. 몇 줄짜리 인사이트만으로 경영진을 설득하긴 어렵다. 아무리 좋은 아이디어여도 반드시 '승인'이라는 문턱을 넘어야 한다.

그래서 이번에는 인사이트를 발견한 후, 어떻게 이를 구체화해 경영진을 설득하고 실행으로 옮길 수 있을지 간단히 살펴보겠다.

확실한 수요를 파악하라

무엇보다 먼저 해야 할 일은 고객에게 자신의 아이디어를 직접 제안해보는 것이다. 이 과정은 어떤 조사보다도 중요하다. 만약 이때 고객에게 긍정적인 반응을 이끌어내고, 구매 의사도 확인할 수 있다면 가장 좋다.

다만 앞에서도 말했듯, 설문 조사나 인터뷰에서의 답변을 곧이곧대로 믿으면 안 된다.

특히 사전 테스트 이후에는 사용자들이 대체로 긍정적으로 답하는 경향을 보인다. 실제로 별로라고 생각해도 눈앞의 사업 담당자에게 "별로네요"라고 말하는 사람은 많지 않다. 오히려 "정말 좋은 아이디어네요. 제품 나오면 꼭 알려주세요"라고 말한다. 이런 반응을 그대로 믿으면 안 된다. 한 번 더 강조하지만, 행동으로 이어지지 않는 말은 구매 의사로 볼 수 없다.

작은 실적이라도 만들어라

한 가지 상황을 상상해보자. 신사업 계획을 발표할 때 실적 없이 자료로만 설득할 수 있을까? 실적이 없는 상태에서는 아무리 다양한 자료를 준비해도 부정적인 평가를 피하기 어렵다. 인사이트를 근거로 설득하려 하면 많은 시간이 들고, 설득에 성공하더라도 대규모 투자를 받기는 거의 불가능하다. 보통 대규모 투자는 실적을 바탕으로 결정되기 때문이다.

따라서 작은 실적이라도 만든 다음, 그 실적을 근거로 설득하는 편이 훨씬 효율적이다. 객관적 설명 가능성, 충분한 정보, 정교한 계획, 이 세 가지를 모두 갖춘 신사업 계획서는 사실상 존재하지 않는다. 그러나 작더라도 실적을 채우면 그 계획서의 신뢰도는 높아진다.

게다가 실적이 나오기 전에는 사업을 구상한 본인조차 확신을 갖기 어렵다. 실제로 사업을 추진했다가 예상만큼의 성과를 얻지 못한 경우도 많다. 이런 일이 반복되면 '저 사람 아이디어는 늘 실패한다'는 인식이 생기고, 결국 신뢰를 잃게 된다. 한 번 신뢰를 잃으면 이후 어떤 제안도 힘을 얻기 어렵다.

이런 상황을 피하기 위해서라도, 어느 정도 실적을 쌓은 뒤에 설득을 시도하는 편이 효과적이다. 고객을 충분히 모을 정도의 성과를 냈다면, 그 자체가 강력한 설득 요소가 된다.

물론 사내 프레젠테이션이 불필요하다는 뜻은 아니다. 다른 부서와 협력할 수 있다면, 이를 적극적으로 활용하는 것도 좋은 전략이다. 사내에는 전문 지식과 인프라, 네트워크를 갖춘 인력이 많고, 이들의 도움을 받으면 실행력이 훨씬 높아진다.

경험상, 신사업 계획서를 통과시키려면 세 가지 조건이 필요하다. 첫째, 작더라도 실제 매출 실적이 있을 것. 둘째, 고객이 실제 구매 의사를 보였을 것. 셋째, 회사에서 신뢰받고 있을 것. 이 세 가지가 설득력을 결정짓는 핵심 조건이다.

따라서 사업 리더는 실적과 신뢰를 얻는 데 집중해야 한다. 그렇지 않으면 애써 준비한 신사업이 세상의 빛도 못 본 채 끝나기 쉽다. 특히 예산 확보가 목적이라면 가장 효과적인 방식이 무엇인지 먼저 고민해야 한다.

이 사업에 3개월간 몰입할 수 있을까?

신사업은 언제나 어렵고 불확실하다. 그렇기에 "일단 검증부터 해보죠"처럼 수동적인 태도로 사업을 시작하면 좀처럼 성공하기 힘들다. 사업을 본격적으로 시작하려면 무엇보다도 충분한 열정과 실행력을 갖춘 리더가 필요하다.

뒤에서 자세히 살펴보겠지만, 사업을 추진하다 보면 종종 예상하지 못한 상황도 마주하게 된다. 그럴 때 빠르게 전략을 수정하고 다시 도전하는 태도가 중요하다.

그래서 신사업 계획서를 올리기 전에는 본인의 열정을 확인해야 한다. 사업에 대한 열정을 확인해볼 간단한 방법이 있다. "앞으로 3개월 동안 이 일에 온전히 몰입할 수 있는가?"라는 질문에 망설임 없이 "예"라고 답할 수 있어야 한다.

팀 단위의 공동 책임 체제는 자칫 책임 회피로 흐르기 쉽다. 결국 중요한 것은 끝까지 밀고 나가려는 한 사람의 열정과 의지다. 그 사람이 중심이 되어 신사업에 꼭 필요한 인재를 모으고, 사업을 한 단계씩 추진해야 한다.

신사업 계획서를 올릴 때도 마찬가지다. "이 사업을 누가 책임질 것인가?"라는 질문에 명확히 대답할 수 없거나, 회사에서 신뢰를 얻지 못했다면 신사업 추진을 승인받기 어렵다.

확실하게 팔 방법을 고민하라

새로운 사업을 준비할 때 상품이나 서비스 자체에만 집중하기 쉽다. 하지만 영업과 마케팅 전략이야말로 사업을 성공으로 이끌 핵심 요소다.

성공한 사업가들은 모두 신사업을 계획할 때부터 영업과 마케팅 전략을 고민한다. 사업을 시작한 뒤에 팔 방법을 고민하면 늦는다. 아무리 훌륭한 상품이어도 팔 방법이 명확하지 않으면 시장에서 살아남지 못한다. 게다가 대리점이나 외부 파트너에게 마케팅을 전적으로 맡겨 좋은 성과를 내기도 힘들다.

결국 팔 방법을 찾으려면 고객의 입장에서 생각해야 한다. 고객이 어떤 경로로 새로운 상품에 관심을 갖고, 어떤 기준으로 구매에 이르는지까지 전체 흐름을 예측해야 판매 전략을 세울 수 있다.

실제로 뛰어난 사업가들은 신사업 계획서를 작성할 때 '어떻게 팔 것인가'를 구체적으로 적는다. 나 역시 사업을 준비할 때 '어떤 채널로 판매할 것인가'를 가장 먼저 고민한다. '기존 채널이 이 사업에 적합한가?', '새로운 채널을 만들 수 있는가?' 이런 질문에 대해 고민하다 보면 신사업 계획서를 더 탄탄하게 작성할 수 있을 것이다.

숫자를 정확히 파악하라

신사업 계획서를 작성할 때는 IR 자료 등을 통해 선행 기업의 정량 데이터를 수집하고, 이를 사업 시뮬레이션에 반영해 적어야 한다. 사업 경험이 많고 수치에 익숙한 사람이라면 이 과정을 생략할 수도 있지만, 그렇지 않다면 반드시 정확하게 조사해야 한다.

특히 마케팅 비용과 개발 비용은 실제보다 낮게 예측하는 경우가 많다. 예를 들어, 마케팅 비용을 보자. 고객 한 명을 유치하려면 CPA$^{Cost\ Per\ Acquisition}$나 CPO$^{Cost\ Per\ Order}$ 같은 비용이 든다. 매출 500만 원짜리 계약을 성사시키기 위해 평균 100만 원의 광고비가 드는 식이다. 이런 비용은 사업에서 큰 비중을 차지하기 때문에 되도록 정확하게 파악해야 한다.

개발 비용도 마찬가지다. '개발만 끝내면 유지비만 든다'는 생각은 현실을 전혀 모르는 이야기다. 경쟁사도 끊임없이 개발에 투자하므로, 개발을 끝냈더라도 꾸준히 개발에 신경 써야 한다. 그렇지 않으면 경쟁력을 잃기 쉽다. 실제로 SaaS 기업들의 재무제표를 보면 개발 비용이 줄지 않는다는 사실을 확인할 수 있다.

경험상, 단순한 프로토타입 코드를 만드는 것과 고객에게 제공할 만한 수준의 제품을 만드는 것 사이에는 10배 이상의 비용 차이가 난다. 따라서 개발자에게 "그 작업은 간단합니다"라는 말을 들었다고 해서 그대로 예산을 짜면 낭패 보기 십상이다. 나 역시 과거에 그런 착오로 큰 손해를 본 적이 있다.

이에 대해 더 고민해보고 싶다면 《구글 엔지니어는 이렇게 일한다》(한빛미디어, 2022)를 읽으면 좋다.

변수를 항상 고려하라

사업을 시작하면 예상치 못한 변수에 부딪히기 마련이다. 대표적인 사례는 다음과 같다.

- 인사이트가 잘못된 경우
- 예상했던 판매 채널이 제대로 작동하지 않는 경우
- 주요 고객층이 처음 예상과 다른 경우
- 판매하려던 상품 자체가 바뀐 경우(다양한 상품을 취급할 때 특히 자주 발생함)

인사이트 자체가 틀렸다면 방향을 다시 잡아야 한다. 하지만 그 외의 경우는 사업을 하며 얼마든지 수정할 수 있다.

본격적으로 사업을 시작하기 전에 얻을 수 있는 정보에는 한계가 있다. 따라서 전략 수정은 실패가 아니라, 애초에 예정된 과정으로 봐야 한다.

신사업 계획에 대해 사내에 설명할 때도 이 관점은 중요하다. "처음 말한 것과 다르다"라는 비판을 피하려면, 신사업 계획서를 작성할 때부터 어느 정도 변수의 가능성도 준비하는 편이 좋다.

    사장의 수첩에는 이렇게 쓰여 있었다.
    작은 실적이라도 있으면 회의실 공기가 달라진다. 신사업 계획서를 올리기 전에 체험용 판매라도 해보고 실적부터 만들자.
    변수는 언제든 생길 수 있다. 처음에 계획한 대로 착착 진행되는 사업은 없다.

사업에서 성공하려면 훈련과 절제, 그리고 노력이 필요하다.
그러나 이런 것들에 지레 겁먹지만 않으면
성공의 기회는 오늘도 과거 못지않게 크다.

— 데이비드 록펠러

३부

성공한 사장의 수첩에는 결과가 담겨 있다

신사업 추진

민첩하지 않으면 살아남지 못한다

새롭게 사업을 시작할 때는 민첩하고 유연하게 움직여야 한다.

사업 초기 단계에서 가장 중요한 것은 빠른 실행이다. 특히 고객과 선행자의 정보를 빠르게 수집하고, 필요할 경우 전략을 수정해야 한다. 그렇게 해야만 상품이 시장에서 안정적으로 자리 잡을 수 있다.

3부에서는 실제 사업가들이 어떻게 사업 초기의 난관을 돌파하고, 성장 궤도에 진입했는지 살펴보겠다.

사업은 전략을 완성해가는 과정이다

아무리 뛰어난 사업가도 처음부터 완벽한 전략을 세울 수 없다. 일단 사업을 시작한 뒤 전략을 탄탄하게 다듬어야 한다.

그 이유는 간단하다. 조사만으로 정보를 얻는 데는 한계가 있기 때문이다. 전략을 발전시키려면 업계 관계자나 예상 고객에게 아이디어를 제시하고, 그들의 반응을 바탕으로 방향을 계속 수정해야 한다.

결국 사업은 전략을 탄탄하게 완성해가는 과정이다. 물론 그 출발점에는 명확한 인사이트가 있어야 한다. 실제로 잘되는 사업가들은 사업을 하며 얻은 정보를 바탕으로 전략을 수정하고 구체화한다.

전방에서 사업을 주도하라

신사업 초기에는 사업 담당자가 반드시 전방에 있어야 한다. 만약 후방에 머물면 고객의 반응을 직접 확인하기 어려워 사업이 더디게 성장할 수밖에 없다.

이때 '전방'이란 고객과 직접 만나는 판매 현장을 말하며, '후방'은 그 외의 제조, 기획 등을 말한다. 단, 전방과 후방은 우열을 나누는 개념이 아니라 역할의 차이일 뿐이다.

사업은 전방에 있는 사람이 주도하게 된다. 따라서 사업 담당자는 전방에서 정보를 수집하고, 전략을 수정하며 사업을 이끌어야 한다. 이처럼 빠르게 반응하고 유연하게 수정할 수 있는 구조를 만드는 것이 신사업 초기 단계의 핵심이다.

이 단계에서는 집중력, 정보 감각, 실행력이 모두 요구된다. 그리고 바로 이때부터 진짜 사업의 시작이자, 사업가의 실력이 드러나는 시점이다.

권한이 분산되면 성장 속도가 느려진다

민첩하게 움직이려면 신사업 담당자가 직접 실행 체계를 설계하고, 권한 구조를 정비해야 한다. 효율적인 체계 없이 전략을 바꾸려 하면, 경영진을 설득하느라 시간만 쓰고 전략을 수정할 최적의 타이밍은 놓치고 만다.

특히 신사업 초기에는 고객으로부터 중요한 인사이트를 많이 얻을 수 있다. 그러나 복잡한 승인 단계를 거친 뒤에 전략을 수정할 수 있다면 좋은 기회도 놓치게 된다.

게다가 앞에서도 말했듯이 같은 경험을 공유하지 않은 사람에게 인사이트를 이해시키기는 어렵다. 결국 신사업 담당자가 중심에서 합리적으로 판단하고, 조직이 그 판단을 따르도록 체계를 정비해야 한다.

물론 조직에서 권한을 확보하는 일은 쉽지 않다. 경영진 입장에서는 특정 직원에게 권한을 집중시키는 것이 리스크로 느껴질 수 있기 때문이다.

그러나 권한은 신뢰에서 비롯된다. 따라서 신사업 담당자는 틈틈이 신뢰를 쌓아야 하며, 그 신뢰를 기반으로 권한을 얻어야 한다. 그러면 불필요한 승인 과정을 줄여 전략을 유연하게 조정할 수 있다.

체계가 유연해야 민첩하게 움직일 수 있다. 그 체계를 만드는 것이 바로 신사업 담당자의 역할이다.

3개월, 하나의 목표에 몰입하라

신사업을 성공시키려면 높은 집중력을 발휘해야 한다. 기존 업무를 병행하거나 다른 일에 한쪽 손을 걸친 채 시작하면 성공 가능성은 현저히 떨어진다.

만약 신사업 담당자가 가능성 있는 인사이트를 발견했고, 확신이 섰다면 적어도 3개월 동안은 그 사업에만 몰입해야 한다. 대기업이 신사업에 실패하는 이유 중 하나는 담당자가 시간을 써야 할 곳에 온전히 쓰지 못하기 때문이다.

신사업이 안정적으로 자리 잡기 전에는 기존 업무를 병행해서는 안 된다. 보고 회의도 최소화해야 한다. 한 가지 목표에 온전히 집중해야 생각의 흐름이 그 목표를 중심으로 돌아간다. 그러면 이동 중이거나 쉬는 날에도 인사이트가 자연스럽게 떠오른다. 몰입은 의식의 초점을 한곳에 집중시키는 작업이다.

물론 몰입해도 실패할 수 있다. 하지만 최선을 다해 몰입했다면 실패하더라도 역량이 커졌을 것이다. 따라서 고객 및 선행자와의 대화, 체험용 판매 등을 통해 '이 인사이트는 맞다'는 확신이 들었다면 반드시 몰입해야 한다.

주의할 점도 있다. 애초에 인사이트의 방향이 틀렸다면 아무리 몰입해도 시간과 에너지만 허비할 수 있다. 즉, 몰입은 '옳은 방향'이라는 전제가 있을 때만 유효한 전략이다.

전략은 대화 속에서 다듬어진다

고객이나 협력처와 신사업에 대해 대화를 나누려면 인사이트와 전략을 간결하고 명확하게 설명할 수 있어야 한다. 이때 업계에서 식견이 있는 사람에게 먼저 제안서를 보여주고 피드백을 받으면 큰 도움이 된다. 방향성을 더 확실하게 다듬을 수 있기 때문이다.

전략 제안의 핵심 메시지는 이 정도면 충분하다.

"자사는 이런 역량과 실적이 있습니다. 당신의 문제를 이렇게 해결하고 싶습니다. 아직 완벽하진 않지만 함께 고민하면 좋은 방법을 찾게 되지 않을까요?"

요즘에는 새로운 고객이나 협력처에 연락하기를 주저하는 사업가가 많다. 하지만 걱정할 필요 없다. 새로운 도전을 하려는 사람에게 일부러 무안을 주는 경우는 거의 없다. 확고한 의지를 가지고 한 걸음만 내디뎌 보면, 새로운 사람과의 접촉이 생각보다 쉽다는 사실을 알 수 있다.

만약 이 시점에 자신의 아이디어에 확신이 없거나, 누구에게 연락하기 꺼려진다면 인사이트를 다시 점검해야 한다.

또한 가까운 사람에게만 연락하는 것도 피해야 한다. 아는 사람의 피드백이 반드시 유용하다고 할 수 없다. 정확한 타깃을 정하고, 주저 없이 그들에게 직접 접근하는 것이 중요하다. 몇 번 신사업을 추진해 보면 이 과정은 금방 익숙해질 것이다.

고객과 협력처에 의견을 전달하고 피드백을 받는 과정은 전략을 현실에 맞게 다듬기 위해 꼭 필요하다. 물론 처음에는 부족한 부분에 대해 비판이 쏟아질 수 있다. 하지만 그 비판이야말로 사업을 성공으로 이끄는 가장 값진 자산이다. 따라서 초기부터 피드백을 적극적으로 받아들여야 한다.

집중 투자할 타이밍을 놓치지 마라

사업 초기에 자금과 인력을 많이 투입한다고 해서 잘 팔리는 것은 아니다. 오히려 관계자가 많아질수록 전략을 빠르게 수정하기 어려워진다. 또한 안정적인 구조가 잡히지 않은 상태에서 확장을 시도하면 실패의 규모만 커질 수 있다.

하지만 어떤 사업이든 불안한 초기 단계가 계속 이어지는 것은 아니다. 일정 기간이 지나면 '무엇에 자원을 집중해야 안정적으로 성장할지'가 분명히 드러난다. 그 시점이 바로 집중 투자로 전환할 타이밍이다.

투자할 대상과 운영 방식에 확신이 생기면, 과감하게 자원을 집중해야 한다. 시기를 놓치면 경쟁사가 먼저 집중 투자로 시장을 차지해 따라잡기 어려워진다.

따라서 "무엇에 집중 투자할 것인가?", "어떤 근거로 그렇게 판단했는가?"라는 질문에 명확히 답할 수 있어야 한다. 사업가가 투자자를 설득할 때도, 신사업 담당자가 경영진을 설득할 때도 마찬가지다.

초기에는 작은 비용으로 실적을 만드는 데 집중하고, 그 실적을 바탕으로 신뢰와 더 큰 자금을 얻어야 한다. 이 단계가 지나면 사업 리더의 역할도 바뀐다. 초기에는 전방에서 전략 수정을 이끌던 리더가, 이제는 후방으로 이동해 조직 전체의 속도와 효율을 조율해야 한다. 상품이 안정적으로 팔리기 시작하면 사업의 초점이 '탐색'에서 '확장'으로 옮겨가기 때문이다.

철수도 하나의 전략이다

여러 번 말했듯, 사업을 시작할 때는 반드시 성공시키겠다는 강한 의지가 필요하다. 동시에 필요할 땐 과감히 철수하겠다는 유연한 태도도 갖춰야 한다. 두 태도는 언뜻 모순적으로 보일 수 있지만, 둘 다 사업가에게 반드시 필요한 마음가짐이다.

철수는 형식적인 기준으로 결정하면 안 된다. 자사가 설정한 목표를 달성할 수 없을 때 비로소 결단을 내려야 한다. 특히 인사이트가 틀렸다는 사실이 드러나면 미련 없이 빠르게 접는 것이 옳다. 또는 더 유망한 아이디어가 있다면 새로운 사업을 위해 접는 것이 오히려 효율적이다.

문제는 대안이 없는 경우다. 다른 아이디어를 아직 찾지 못했으면, 인사이트가 틀렸다는 명백한 증거를 보고도 사업을 관성적으로 끌고 가기 쉽다. 실제로 많은 기업이 이런 이유로 철수 타이밍을 놓친다.

현명한 결정을 내리려면 항상 여러 아이디어를 동시에 검토해야 한다. 한 가지 선택지만 붙잡고 있으면 객관적인 판단이 어려워진다. 대안이 있어야 철수도 전략이 될 수 있다.

1장

성공 확률을 높여줄 신사업 추진 방법

이번 장에서는 성공한 사업가와 대기업의 신사업 실무자들이 어떻게 첫걸음을 뗐는지, 그 전개 과정과 성공 요인을 살펴보겠다. 사실 사업가들이 사업 영역을 고르고, 인사이트를 발견하고, 실행으로 옮기는 단계는 크게 다르지 않다. 하지만 뛰어난 사업가들의 움직이는 방식과 판단 속도는 확연히 다르다. 같은 정보를 얻어도 누구는 움직이고, 누구는 아무것도 안 한다. 이번 장에서는 사장이든, 신사업 담당자든 각자에게 필요한 통찰을 얻게 될 것이다.

망설임은 성공의 기회를
없앨 뿐이다

이번에는 잘되는 회사 사장들이 실제로 인사이트를 얻은 후 어떻게 사업을 시작했는지 살펴보겠다. 하나씩 들여다보면 알겠지만, 사업 시작 과정은 각 사례마다 특성이 뚜렷하다.

성공 사례 1. 영어 교육 사업 – 프로그릿(오카다)

단 일주일 만에 개발을 완료하다

오카다는 '영어 공부를 끝까지 해낸다'는 콘셉트로 사업을 시작하기로 결심했다. 그리고 단 일주일 만에 초기 버전의 서비스를 만들었다. 당시 서비스 이름은 콘셉트를 그대로 반영한 'Tokkun English(특훈 영어)'였다. 그는 다양한 영어 학습 서적과 논문을 참고해 '영어 학습 5단계'라는 방법론을 정립하고, 기존 학습법을 조합해 커리큘럼도 재빨리 구성했다.

현재 프로그릿은 대부분의 교재를 자체 제작하고 있다. 물론 시장에는 먼저 진입한 선행 기업들이 많았기에, 그들이 만든 교재를 참고할 수도 있었다. 하지만 프로그릿은 직접 전문가를 채용해 자사만의 방식으로 교재를 만드는 전략을 선택했다. 그것이 더 서비스의 품질을 높일 것이라고 판단했기 때문이다.

예상하지 못한 첫 고객

서비스를 처음 시작할 당시, 오카다는 '두 달 안에 토익 점수를 올려 준다'는 메시지를 내세웠다. 토익 점수를 올리기 위해 영어를 공부하는 사람이 많다고 생각했기 때문이다.

하지만 예상과 달리 가장 먼저 들어온 문의는 "비즈니스 영어를 배우고 싶다"는 것이었다. 그는 이때 시험 대비가 아닌, 실제 업무에서 활용할 수 있는 영어에 대한 수요가 존재한다는 사실을 깨달았다. 그래서 오카다는 자사의 고유한 영어 학습법(영어 학습 5단계)을 유지하면서, 새로운 수요에 맞춰 비즈니스 영어 콘텐츠도 빠르게 추가했다. 그 결과 처음 문의했던 사람을 고객으로 맞게 됐다.

이처럼 사업 초기에는 고객이 기대하는 기능이나 서비스를 정확히 파악하기 어렵다. 따라서 시장 반응을 보며 전략을 수정해야 한다.

프로그릿의 서비스는 시험 점수를 올리는 데에만 집중하지 않았다. 더 나아가 '영어 실력 향상'이라는 본질적인 문제를 해결하고, 실행 계획까지 제시했다는 점에서 가치가 있다. '영어 실력 향상'이라는 문제는 혼자 해결하기 어렵기 때문에 전문가와 함께하는 방식이 효과적이었다.

반면 토익은 개인의 목표가 명확하며, 출제 유형을 파악할 수 있는 시험이다. 그래서 독학으로도 점수를 올리는 것이 가능하다. 결과적으로 '비즈니스 영어'와 '개인 맞춤형 서비스'의 조합이 시너지를 일으켰고, 비즈니스 영어 교육 서비스가 전체 매출의 큰 부분을 차지하게 되었다.

물론 이 흐름을 기획 단계부터 정확히 예측하긴 어렵다. 하지만 그렇다고 해서 '누가 어떤 상황에서 우리 서비스를 사용할 것인지'에 대한 기본적인 가정조차 하지 말라는 뜻은 아니다. 서비스를 구상할 때는 '이런 고객에게 필요할 것'이라는 가정을 세워야 한다. 다만 출시 이후에는 '가정이 틀릴 수도 있다'는 전제를 두고, 실제 수요의 흐름에 맞춰 유연하게 대응해야 한다.

왜 비싼데도 고객의 선택을 받았을까?

프로그릿은 처음부터 비교적 높은 가격대로 서비스를 출시했다. 그런데도 고객들은 프로그릿의 서비스를 선택했다.

이 기업의 고객은 '반드시 영어 실력을 키워야 하지만, 스스로 학습 방향을 정하기 어렵고 혼자서 해낼 자신도 없는 사람들'이었다. 그렇기에 프로그릿의 '혼자 끝까지 공부하게 만드는 콘셉트'는 오히려 강력한 매력으로 작용했다. 그래서 비싼 가격에도 불구하고 프로그릿의 서비스를 선택했던 것이다.

내가 팔 수 없는 서비스는 다른 사람도 못 판다

프로그릿이 단기간에 빠르게 성장한 데에는 오카다의 뛰어난 영업력이 결정적인 역할을 했다.

사업 초기에 그는 모든 영업을 직접 맡았다. 당시 영어 교육 업계에서는 대부분 커리큘럼 중심의 상담을 고수했다. 즉 "이 커리큘럼대로 따라오시면 됩니다" 같은 정형화된 설명이 일반적이었다.

하지만 오카다는 전혀 다른 방식으로 접근했다. "왜 지금까지 영어 실력이 늘지 않았을까요?", "현재 어떤 점에서 어려움을 느끼시나요?"라고 물으며 고객 맞춤형 컨설팅을 진행한 것이다.

이는 컨설팅 회사에서 익힌 '문제 해결형 대화법'을 교육 서비스에 접목한 것이었다. 이러한 상담 방식은 당시 업계에선 새로운 접근이었고, 덕분에 큰 반향을 일으켰다.

이 과정을 통해 오카다는 자사만의 영업 방식을 만들 수 있었다. 그런데 이 방식은 대리점이나 외부 영업사원에게 맡기기 어려웠다. 영어 교육 시장엔 고객 맞춤형 컨설팅 경험이 있는 인재가 거의 없었기 때문이다.

그래서 사업 초기에는 사업 리더가 직접 고객을 상대하며 영업을 하는 것이 무엇보다 중요하다. '내가 직접 팔 수 없는 서비스는 다른 사람도 팔 수 없다'는 생각으로, 사업 리더가 직접 고객을 설득할 수 있어야 한다.

고객의 머릿속에 한 문장을 심어라

오카다와 공동 창업자인 야마자키는 마케팅 경험이 전혀 없었다. 그래서 가능한 모든 방법을 직접 시도해보기로 했다. 그들은 SNS 광고, 구글 광고, 제휴 마케팅 등 모든 수단을 총동원했다.

매출이 1억 엔에 도달했을 즈음에는 텔레비전 광고도 시도했지만, 기대했던 만큼의 성과는 얻지 못했다. 그리고 여전히 오카다는 텔레비전 광고에 대해 회의적이다. 프로그릿의 비즈니스 모델 특성상 단가가 높고 고객 개개인에 대한 정밀한 접근이 필요하다. 그런데 텔레비전 광고는 불특정 다수를 대상으로 메시지를 뿌리는 방식이기 때문에, 많은 비용을 들이고도 실제 타깃에게 도달하기 어렵다. 오카다는 이 상황을 "사막에 물을 뿌리는 것과 같다"라고 표현했다.

광고의 효과는 예측하기 어렵다. 같은 매체를 쓰더라도 상품의 특성이나 메시지에 따라 효과가 천차만별이다. 마케팅은 결국 일단 시도하고, 더 효과적인 방안을 찾아 나가야 한다.

오카다는 창업 초기부터 '브랜드'의 중요성을 인식하고 꾸준히 노력해왔다. 브랜드란 곧 고객의 마음속에 형성되는 서비스의 이미지를 말한다.

예를 들어, 잠재 고객이 '프로그릿은 힘들지만 확실히 실력이 느는 영어 교육 서비스'라고 떠올린다면, 이미 브랜드가 형성된 것이다. 실제로 2024년, 프로그릿은 '하루 3시간, 그 어느 곳보다 열심히 공부하는 맞춤형 영어 코칭'이라는 메시지를 일관되게 전달하며 브랜드 이미지를 강화했다.

브랜드를 구축할 때는 같은 메시지를 꾸준히 반복하는 것이 매우 중요하다.

가령 영어 학원에서는 '쉽게 배울 수 있다'는 메시지를 자주 쓴다. 하지만 프로그릿은 처음부터 '쉽지 않지만 효과는 확실하다'라는 방향을 고수했다. 바로 이런 일관성이 브랜드를 만든다.

브랜드 이미지는 오랜 시간 신뢰를 쌓으며 형성된다. 따라서 브랜드 전략에서 중요한 것은 자사가 추구하는 가치를 일관되게 유지하는 태도다.

정면 승부에 나설 준비가 됐는가

오카다가 사업을 시작한 2016년 무렵, 개인 맞춤형 영어 교육 서비스들이 잇따라 등장했다. 그러나 의외로 오카다는 새로운 경쟁사들을 크게 의식하지 않았다. 이유는 간단했다. 정면 승부로도 충분히 이길 수 있다고 확신했기 때문이다.

　업계의 내부 구조를 파악하면 경쟁 상대가 누구인지, 어떤 방식으로 대응해야 하는지 명확해진다. 경쟁사의 커리큘럼, 서비스 구성, 마케팅, 영업 방식 등을 종합적으로 비교해본 결과, 자사가 충분히 우위를 점할 수 있다고 판단되면 굳이 새로운 차별 전략을 세울 필요 없다. 정면 승부가 가장 효율적인 전략이다.

　오카다는 업계 소식과 자사 서비스에 대한 생생한 피드백을 들으며 업계 구조를 파악했고, 자신이 이 업계 누구보다 강한 열정을 갖고 있다고 믿었다.

　나 역시 새로운 사업을 시작할 때면 스스로에게 이런 질문을 던진다.

　'이 시장에서 가장 강력한 경쟁자와 맞붙는다면, 누가 더 오래 열정을 유지할 수 있을까?'

　그리고 내가 이길 수 있다고 생각되면 주저하지 않고 뛰어든다.

　전략을 세울 때 많은 사람이 차별화부터 고민하지만, 결국 어느 시점에서는 정면 승부를 피할 수 없다. 틈새를 파고든 데 만족하면 성장의 한계에 부딪히고 만다. 심지어 자사가 가장 먼저 시장에 진입했더라도 비슷한 서비스는 반드시 등장한다.

　따라서 '정면 승부를 해도 이길 수 있는 구조와 체제'를 갖추는 것이 중요하다. 그것이 어떤 시장에서든 이길 수 있는 비법이다.

성공 사례 2. 공간 대여 사업 - 스페이스마켓(시게마쓰)

확실한 수요에 맞게 전략을 수정하라

스페이스마켓은 초기에 법인 고객에게 요청을 받으면 적합한 공간을 직접 찾아 연결해주는 방식으로 운영되었다. 그러다 보니 초기 성공의 핵심은 이들과의 접점을 확보하는 데 있었다.

그래서 시게마쓰는 스타트업 피칭 행사에 참여하고, 지인의 소개를 받는 등 다양한 경로를 통해 적극적으로 영업에 나섰다. 그 결과, 사내 행사를 자주 진행하는 기업 고객을 중심으로 수주가 꾸준히 이어졌다. 사업 리더의 뛰어난 영업 역량과 유연한 대응 덕분이었다.

당시 들어온 요청은 꽤 다양했다.

- ☐ 팝업 스토어 개최
- ☐ 투탕카멘 전시회
- ☐ 초밥집에서 광고 촬영
- ☐ 곤충 전시회
- ☐ 브랜드의 시크릿 파티

심지어 사찰을 빌려 회사 행사를 열고 싶다는 요청도 있었다. 이처럼 고객의 다양한 요청이 오히려 사업 방향을 구체화하는 데 중요한 힌트가 되었다.

그러나 사업 초기에 인사이트의 출발점으로 삼았던 야구장은 문의조차 들어오지 않았다. 이렇듯 실제 수요는 직접 사업을 해야만 알 수 있다.

법인 고객과의 초기 상담은 수요를 파악하고 사업을 키우는 데 도움을 줬다. "다음 달에 이런 행사가 있는데 공간을 빌릴 수 있을까요?"처럼 구체적인 제안이 들어오면, 이를 기반으로 공간 소유자에게 역제안을 하며 계약 성사율을 높였다.

플랫폼 사업의 핵심은 수요다. 수요를 파악하지 못한 채 무작정 공간만 등록하면, '게시글만 많고 예약은 없는' 플랫폼이 되기 쉽다. 그래서 스페이스마켓은 실제 고객 요청을 중심으로 공간을 확보하고 데이터를 쌓는 데 집중했다.

또한 "대여 비용이 비싸도 괜찮으니 다음 주까지 꼭 부탁합니다"처럼 무리한 요청일수록 수요가 강하다는 사실도 알게 됐다. 그래서 갑작스러운 요청에 안정적으로 대응할 수 있는 체제를 갖추어 자연스럽게 단가도 높였다.

예상하지 못했던 수요는 개인 고객에게서도 나왔다. 대표적인 것이 코스프레 촬영이다. 과거엔 하루 10만 엔을 들여 하우스 스튜디오를 빌리는 경우가 많았지만, 스페이스마켓에서는 고택을 2~3만 엔에 몇 시간 동안 빌릴 수 있었다. 고객 입장에서 훨씬 매력적인 서비스였다.

이 외에도 실내 할로윈 파티, 브랜드 비공개 행사 등 의외의 수요가 계속해서 등장했다. 다행히 스페이스마켓은 고객의 요청을 따라가며 사업 방향을 수정한 덕분에 수요를 확실히 충족시킬 수 있었다.

만약 이때 '코스프레 촬영은 잠깐 유행하는 거겠지'라고 생각하며 전략을 수정하지 않았다면 스페이스마켓은 끝내 성공하지 못했을 것이다.

초기 인사이트는 일부 단서를 잡는 정도면 충분하다. 사업을 시작한 후에 수요에 맞춰 전략을 유연하게 조정하면 된다. 단, 사전에 정한 방향을 고수하느라 대응이 느려지면, 아무리 좋은 아이디어라도 시장에서 자리 잡기 어렵다.

특히 회사에서 신사업을 추진할 때는 전략이 변경될 수 있다는 사실에 동의를 얻어야 한다. '현재 가정한 고객은 실제와 다를 수 있으므로, 수요에 맞춰 전략을 재빨리 바꾸겠다'라는 점을 미리 설명해두는 것이다. 그래야 실무자가 유연하고 빠르게 대응할 수 있다.

실제로 많은 조직이 사업 기획에 1년, 제품 개발에 1년, 운영에 2년을 쓰고도 결국 철수한다. 시장 반응에 맞춰 제때 전략을 수정하지 못했기 때문이다.

사업 리더는 자신의 예측이 틀릴 수 있다는 사실을 인정할 줄 알아야 한다. 예상과 달랐을 때 "우리가 아직 충분히 알리지 못해서 그래"라는 말로 자기 위안을 삼는 순간, 더 큰 실패를 맛보게 된다.

반드시 기억하라. 정확히 예측하는 능력보다 중요한 것은 변화에 맞춰 빠르게 움직이는 유연함이다.

사업은 누구나 시작할 수 있지만, 끝까지 버티기는 힘들다

스페이스마켓 사례는 살아남는 전략을 세우는 데 유용하다.

공간 대여 사업의 구조는 누구나 이해할 수 있을 만큼 단순하다. 덕분에 스타트업뿐 아니라 대기업도 속속 뛰어들었다. 특히 기존 고객 기반을 갖춘 부동산 업계 종사자는 훨씬 수월하게 진입했다.

하지만 사업 성패의 핵심은 '지속'이다.

스페이스마켓은 시장에서 살아남기 위해 법인 고객을 대상으로 끊임없이 영업하고, 공급자 유치에도 공을 들여 좋은 공간을 많이 확보했다.

플랫폼 사업은 수요자와 공급자의 균형이 중요하다. 어느 한쪽에만 에너지를 쏟으면 플랫폼은 곧 불균형에 빠진다. 스페이스마켓은 이 균형을 맞추기 위해 자금을 확보하고, 그 자금으로 공격적인 확장을 감행했다. 그 결과 후발 주자로 뛰어든 대형 경쟁사들조차 대부분 3년을 넘기지 못한 채 시장을 떠났다.

그렇다면 왜 대기업들은 성공하지 못했을까? 그 원인을 살펴보자.

① 익숙하지 않은 곳에 투자하지 않는 태도

대기업이 스페이스마켓보다 뒤처진 가장 큰 이유는 '의지 부족'이다. 자금은 충분했다. 2015~2017년 당시, 수많은 대기업이 공간 대여 사업에 눈독을 들였지만, 실제로 10억 엔이 넘는 자금을 투자한 곳은 거의 없었다.

그 이유는 단순하다. 익숙하지 않았기 때문이다.

대기업은 의외로 불확실성을 두려워하지 않는다. 성공 확률이 5%에 불과해도 자신 있는 영역이라면 과감히 투자한다. 문제는 '익숙하지 않음'이다. 대기업은 익숙하지 않은 사업을 리스크보다 더 불안한 요소로 느낀다.

심지어 부동산 기업조차 공간 대여 플랫폼은 낯설었다. 게다가 디지털 플랫폼 운영에 필요한 역량도 갖추지 못했다.

이런 상황에서 후발 주자로 뛰어든 대기업들이 스페이스마켓과 맞붙기란 결코 쉽지 않았다. 같은 무대에서 경쟁하려면 비슷한 수준의 인재와 마케팅 역량, 의지가 필요했지만, 이들 기업은 그만한 각오도, 의지도 없었다.

그렇다고 '아이디어만으로 이겨보자'는 전략도 현실적이지 않다. 의지도, 실행력도 부족한 상황에서 창의성 하나로 선두를 뺏는 건 불가능에 가깝다.

② **부족한 실력**

만약 어떤 기업이 스페이스마켓처럼 강한 의지를 가지고 공간 대여 플랫폼 사업에 도전한다고 가정해보자. 그렇다면 정말로 성공할 수 있을까?

시장은 냉정하다. 의지가 강해도 실력이 따라주지 않으면 시장에서 버틸 수 없다. 아무리 대기업이라고 해도 마찬가지다. 공간 대여 사업에서 선두를 차지하려면 최소한 세 가지 역량은 갖춰야 한다.

첫 번째는 웹 마케팅 실력이다. 특히 개인 고객을 유치하려면 검색 엔진 최적화를 포함한 디지털 마케팅에 대한 이해가 필수다. 검색 결과 상단에 노출되기만 해도 예약율이 크게 높아지기 때문이다. 하지만 전통적인 마케팅 중심의 조직에서는 이 감각을 갖추기 쉽지 않다.

두 번째는 법인 대상 영업 능력이다. 공간 대여 서비스는 한 번 빌려주고 끝나면 안 된다. 법인 고객에게 꾸준히 예약을 받아야 플랫폼이 안정적으로 성장할 수 있다. 이를 위해선 개인 고객이나 기존 거래처 관리 경험만으론 부족하다.

세 번째는 공간 확보를 위한 영업 역량이다. 좋은 공간이 없으면 아무리 고객을 모아도 소용없다. 가치 있는 공간을 확보하려면 적극적인 외부 영업이 필요하다. 특히 사찰, 갤러리, 고택처럼 독특한 장소를 확보하기 위해서는 고도의 설득력을 갖춰야 한다.

이렇듯 공간 대여 사업을 시작하려면 상당한 수준의 영업력과 마케팅 역량이 필요하다. 이미 유사한 역량을 갖춘 기업으로는 온라인 쇼핑몰이나 여행 플랫폼을 운영하는 라쿠텐Rakuten과 리쿠루트Recruit 등을 예로 들 수 있다. 만약 이들 기업이 본격적으로 추격에 나섰다면 스페이스마켓과 치열한 경쟁을 펼쳤을지도 모른다.

실제로 시게마쓰는 이러한 역량을 갖춘 대기업으로부터 협업 제안을 받은 적도 있다. 그러나 그 제안에서 벤치마킹의 의도가 강하게 느껴져 내부 정보를 공유하지 않았다.

사실 스페이스마켓이 공간 대여 시장에 뛰어들었을 때는 이미 대규모 법인 수요를 확보한 선행 기업들이 존재했다. 심지어 이들 기업의 비즈니스 모델은 스페이스마켓과 상당히 유사하다. 그런데 이들은 왜 스페이스마켓의 시장 진입을 허용했을까?

가장 큰 이유는 소규모 거래의 번거로움 때문이다. 소규모 거래는 단가가 낮지만, 계약에 소요되는 시간과 자원은 대형 계약과 별반 다르지 않다. 실제로 선행 기업의 경영자들은 "그런 수요가 있는 건 알았지만, 소규모 거래까진 집중할 수 없었다"라고 밝히기도 했다.

이런 현상은 많은 업계에서 나타난다. 기업은 한정된 자원을 큰 수익을 기대할 만한 곳에 투입하려 한다. 그래서 소규모 거래는 후순위로 밀리기 쉽다. 설령 경영진이 "소규모 거래도 해보자"라고 말하더라도 영업 사원은 반박할 수 있다. "작은 계약 백 건보다 큰 계약 한 건이 더 효율적입니다. 제 성과는 매출총이익으로 평가받고, 인센티브도 여기에 따라 결정되는데요. 사장님도 이 일에 확신이 없으시잖아요"라고 말이다.

이처럼 조직 내 이해관계와 보상 체계가 얽혀 있다면 소규모 거래는 외면받기 쉽다. 따라서 신규 진입자에게는 대기업의 선택을 받지 못한 소규모 거래를 공략하는 전략이 유용하다. 단, 이 전략을 택한다면 반드시 "우리는 소규모 거래로도 수익을 낼 수 있는가?"에 확실하게 답할 수 있어야 한다.

검색창을 꽉 잡아라

스페이스마켓이 사업을 성공적으로 확장하기 위해 가장 신경 썼던 부분은 개인 고객을 대상으로 한 마케팅이었다. 법인 고객은 직접 영업하며 접근할 수 있었지만, 개인 고객은 스스로 찾아오게 만들어야 했기 때문이다.

가장 먼저 효과를 본 마케팅 방법은 검색엔진 최적화였다. '회의실 대여'는 이미 경쟁이 치열한 키워드였지만, '공간 대여'는 상대적으로 경쟁이 덜한 상태였다. 실제로 검색량을 분석해보면, 2015년 하반기쯤부터 '공간 대여'라는 키워드의 검색 수가 서서히 증가하기 시작했다(그림 5).

이 시점부터 공간 대여가 하나의 소비 트렌드로 자리 잡았고, 스페이스마켓이 다양한 미디어에 노출되면서 브랜드 인지도도 함께 끌어올릴 수 있었다.

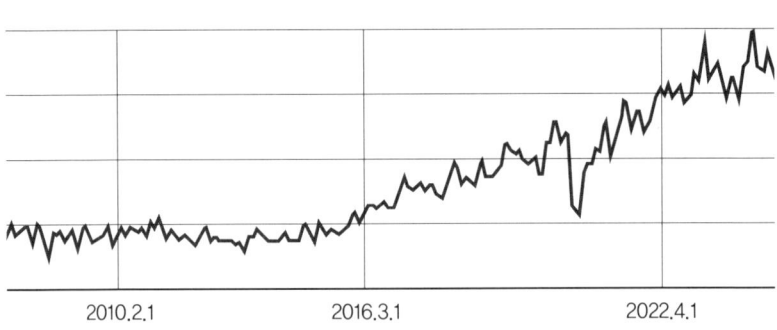

그림 5 | '공간 대여' 키워드 검색량 추이

시게마쓰는 기술 발전이 소규모 거래를 활성화시킬 것이라는 흐름을 미리 읽었다. 그래서 그는 공간 대여 시장에서 무던히 노력했고, 결국 트렌드와 맞물리며 성장을 이끌 수 있었다.

성공 사례 3. 자동차 리스 사업 - 나일(다카하시)

좋은 사업은 혼자 만들기 힘들다

나일의 사례에서는 '협업을 통해 아이디어를 구체화한 과정'에 주목할 필요가 있다. 다카하시는 다음과 같은 인사이트를 발견했다.

☐ 사람들은 수천만 원에 달하는 자동차를 온라인에서 구매하지 않는다. 하지만 월 수십만 원의 자동차 리스 상품은 온라인에서 결제한다. 만약 차량을 직접 보유하지 않더라도, 자사 브랜드의 리스 상품을 온라인으로 제공할 수 있다면 충분히 시장성이 있다.

그러나 이 인사이트를 실제 사업으로 만들기는 쉽지 않았다. 그래서 다카하시는 자동차 리스 업체, 딜러, 렌터카 사업자 등과 직접 미팅을 잡고, 자신의 사업 아이디어를 프레젠테이션하며 협업 가능성을 끊임없이 타진했다. 실제로 현재의 핵심 파트너와는 무려 10번이 넘는 협상을 거쳐서야 계약을 체결했다. 절박함과 실행력이 없었다면 도저히 버티기 어려운 과정이었다.

협상할 때 핵심 논점 중 하나는 나일이 자사 브랜드로 리스 상품을 운영할 수 있는지 여부였다. 딜러 수익의 절반 정도가 유지 보수 서비스에서 발생했기 때문이다. 따라서 유지 보수 수익을 자사에 남기려면 반드시 브랜드 명의를 나일로 가져가야 했다.

한편, 협력사인 금융회사는 독점 계약을 제안했다. 실적이 없는 나일과 최초로 협력하는 만큼, 향후 동일한 조건으로 타사와 제휴하는 것을 방지하려는 의도였다. 리스크를 감수하는 입장에서 충분히 할 수 있는 요구였다.

하지만 다카하시는 이 제안이 장기적으로 사업 성장의 발목을 잡을 수 있다는 점을 조목조목 설명했고, 결국 독점 적용 범위를 일부 영역으로 제한하는 절충안을 이끌어냈다. 그 결과, 여러 금융사와 제휴 가능한 구조를 확보하며 자사 주도의 확장 전략을 지켜냈다.

이 과정에서 다카하시는 협력사의 상황을 충분히 이해하고 존중하면서도, 전략적 핵심은 명확하게 관철했다. 그가 끝까지 지켜낸 조건은 다음과 같다.

- 자사 브랜드로 서비스를 운영해 유지 보수 수익을 확보한다.
- 여러 금융 사업자와 제휴해 경쟁력을 확보한다.
- 금융사는 자산과 부채를 부담하고, 나일은 고객 확보에 집중함으로써 빠르게 확장한다.

나일은 고객의 행동 변화에서 수요의 실마리를, 협력사와의 협상에서는 사업 구조에 대한 현실적인 인사이트를 얻었다. 이렇듯 고객과 협력사는 완전히 다른 통찰을 제공한다.

고객과 대화를 나누면 '어떤 상품을 원하는지' 정확히 파악할 수 있다. 하지만 상품의 구체적인 형태나 사업 구조에 대한 정보까지 얻기는 어렵다. 예컨대, 고객이 "귀사의 성장을 위해선 자산과 부채를 보유하지 마세요"라고 조언해줄 리는 없다.

반면, 서비스 구조나 운영 방식 같은 실질적 사업 모델은 협력사와의 논의를 통해 정교화할 수 있다. 실제로 나일은 금융사와 수차례 협의하며, 자산과 부채를 보유하지 않는 구조를 완성할 수 있었다.

물론 협력사라고 해서 고객 인사이트를 정확히 이해하고 있는 것은 아니다. 그래서 협력하기 전에 자사만의 고객 인사이트를 확실히 찾아야 한다.

신사업은 고객 및 협력사와 대화를 나누지 않고는 정교하게 설계하기 어렵다. 특히 이미 알고 있는 지인하고만 논의하며, 새로운 파트너와의 협의를 회피하는 태도는 성공을 어렵게 만든다.

다카하시는 초기 단계부터 적극적으로 협력사와 미팅을 잡고 프레젠테이션을 하며, 새로운 서비스 구조를 만들었다. 특히 이 사업은 금융 상품을 기반으로 하고 있었기 때문에, 현실적인 협업 논의가 필수였다.

만약 상품을 구체적으로 그리지 않은 상태에서 고객과의 대화만으로 사업을 설계하려 했다면 어땠을까? 아마 표면적인 정보 이상을 얻기 어려웠을 것이다.

　물론, 상황에 따라 고객과의 대화를 중심에 두는 것도 가능하다. 실제로 사업을 시작한 이후에 고객과 꾸준히 대화를 나누며 서비스를 빠르게 개선하는 곳도 많다.

　사업의 성격과 추진 단계에 따라 '누구와 먼저 대화할 것인지' 전략적으로 선택해야 한다. 고객이 먼저일 수도 있고, 협력사가 우선일 수도 있다. 중요한 것은 어느 쪽이든 대화를 직접 나누고 사업을 진행해야 한다는 점이다.

고객이 몰리자 문제가 터졌다?

나일이 자동차 리스 판매 사업을 시작한 뒤, 예상치 못한 문제가 잇따라 발생했다. 특히 초기에 들어온 고객 중 상당수가 신용도 문제로 심사에서 탈락했다. 기존 리스 업체에서 거절당한 고객들이 나일을 찾아온 결과였다.

　나일은 두 가지 방향으로 이 문제에 대응했다.

　첫 번째, 금융 사업자와 협의해 심사 기준을 완화했다. 이전보다 더 많은 고객이 서비스를 이용할 수 있도록 합리적인 수준에서 진입장벽을 낮춘 것이다. 단기 수익보다 시장 확대에 초점을 맞춘 전략이었다.

　두 번째, 회사의 신뢰도를 높이는 데 신경 썼다. 미디어 노출을 적극적으로 늘리고, 회사 홈페이지를 정비하는 등 브랜드 이미지 개선에 힘을 실은 것이다. '믿을 만한 회사'라는 이미지를 만들기 위한 조치였다.

또한 서비스 품질을 높이기 위해 고객은 물론, 고객과 가장 자주 접촉하는 영업 인력의 의견도 적극 반영했다.

핵심 역량은 절대 외주로 맡기지 마라

자동차 리스 시장에는 마케팅을 외주 업체에 맡기는 곳이 많다. 하지만 나일은 내부 마케팅팀에서 직접 마케팅을 기획 및 운영하고 있었다. 그 효과는 명확하다. 마케팅 성과는 물론이고, 수요에 대한 이해도 더 깊어졌다.

영업과 마케팅처럼 핵심 기능을 외부에 맡기면 경쟁사에 밀리기 쉽다. 특히 신사업 초기에 마케팅을 외주 업체에 맡기는 것은 위험하다. 고객 반응을 직접 보고 빠르게 개선할 수 없기 때문이다.

가령 어떤 검색 키워드로 고객이 유입되는지, 어느 랜딩 페이지에서 구매 전환율이 높은지 빠르게 확인하면 바로 다음 날부터 마케팅 전략을 바꿀 수 있다.

또한 그런 과정에서 고객을 점점 더 깊이 이해하게 된다. 이것이 바로 마케팅을 내부에서 직접 실행해야 하는 가장 큰 이유다.

사장의 수첩에는 이렇게 쓰여 있었다.

고객은 싸다고 사지 않는다. 확실한 가치를 느껴야 지갑을 연다.

검색어를 선점하라. 고객은 그 키워드를 보고 온다.

성공한 사업가들이
모두 쓰는 전략

좋은 전략은 피드백으로 완성된다

뛰어난 사업가들은 보통 서비스 콘셉트를 정하자마자 곧바로 사업을 시작하는 경우가 많다. 그들은 주로 '영역 설정 → 인사이트 발견 → 서비스 콘셉트 결정 → 사업 착수 → 집중 투자 단계로 전환'이라는 흐름으로 접근한다.

여러 번 강조했듯, 구체적인 전략을 세우는 가장 효율적인 방법은 고객이나 협력 업체를 만나 사업 아이디어에 대한 의견을 듣는 것이다.

물론 정보를 조사해 전략을 간단히 세울 수 있다. 하지만 여기에는 분명한 한계가 존재한다. 따라서 조사를 어느 정도 마치면 곧바로 사업을 실행하는 것이 전략 수립 측면에서도 훨씬 효율적이다.

사실 조사가 효과적인 시점은 '영역 선택'부터 '초기 인사이트 발견'까지다. 그 이후에는 고객이나 협력 업체와 직접 만나 이야기를 나눠야 한다.

단, 대화를 나눌 때는 하고 싶은 사업을 먼저 이야기하고, 그에 대한 피드백을 자세히 들어야 한다. 그래야만 중요한 정보도 얻을 수 있고, 전략도 탄탄하게 다듬을 수 있다.

나도 항상 피드백 과정을 중심에 두고 신사업을 준비한다. 구체적인 순서는 다음과 같다.

☐ 조사 자료나 시장에서 초기 인사이트를 얻는다.
☐ 인사이트에 대한 업계 전문가의 의견을 듣는다.
☐ 인사이트를 정리한 뒤, 고객에게 직접 제안하고 의견을 받아 개선한다.
전략은 이 단계를 반복하며 구체화시키고 동시에 사업을 실행한다.

혼자서 문제를 파악하고 해결책을 찾으려면 많은 시간이 든다. 하지만 업계 전문가의 의견을 들으면 다양한 문제가 단시간에 해소된다. 때론 외부에서 보기엔 비합리적인 인사이트일지라도, 업계 특성상 그것이 최선인 경우도 있다.

따라서 업계 전문가의 시각과 고객의 피드백을 반영하면서 승산 있는 사업 아이디어를 만들어야 한다.

만약 사업 아이디어의 수준이 미흡하면 프레젠테이션을 해도 "비슷한 아이디어 많이 봤는데 다 실패했어요" 혹은 "현실성 없는 이야기네요"처럼 시큰둥한 반응만 얻게 된다.

그림 6 | **사업 창출 전략**

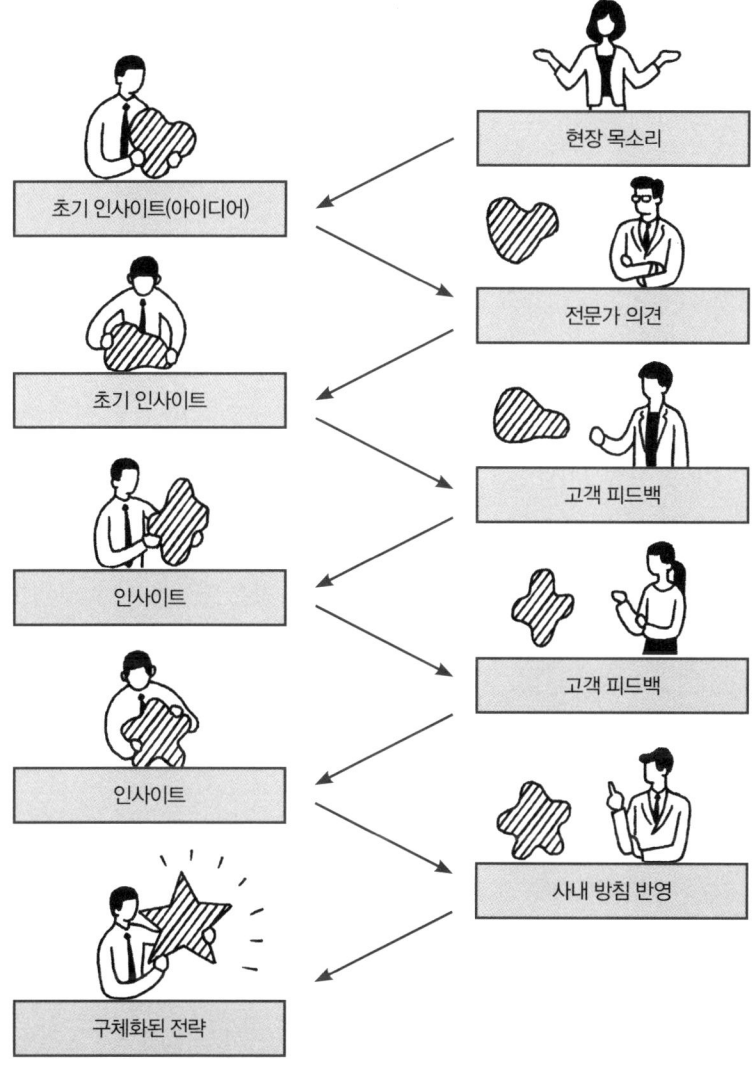

경쟁자가 몰릴수록 고객을 파고들어라

유망한 사업에는 너도나도 달려든다. 결국 비슷한 서비스들이 우후죽순 쏟아지고, 고객의 눈은 더 까다로워진다.

이처럼 경쟁이 치열한 시장에서 살아남으려면 고객을 더 깊이 파고들어야 한다. 이 책에서 소개하는 사업가들 역시 고객에 대한 깊은 이해를 바탕으로 치열한 시장에서 굳건히 자리를 지키며 사업을 성장시켰다.

틈새시장에서도 경쟁은 피할 수 없다. 사업을 하다 보면 언젠가는 자사와 유사한 서비스를 내세운 경쟁사가 반드시 등장한다. 이때 '디테일'이 승패를 가른다. 고객의 입장에서 생각하며 서비스를 개선해 확실한 차별점을 만들고, 영업과 마케팅에 전력을 다하는 회사가 막강한 경쟁력을 갖게 된다.

예상은 빗나갈 수 있다

사업 초반에는 예기치 못한 상황이 자주 발생한다. 타깃 고객이나 전략 자체가 어긋나는 경우도 흔하다.

예를 들어, 우아한형제들(배달의민족)은 원래 전화번호 안내 서비스로 시작했지만, 이 모델로 수익을 내기 어려웠다. 그래서 '음식 배달 플랫폼'으로 방향을 바꿨고 국민 서비스로 성장하는 데 성공했다

(이해를 돕기 위해, 국내 사례를 예로 들었다).

앞서 소개한 영어 교육 기업 프로그릿도 처음엔 '비즈니스 영어를 배우고 싶다'는 수요를 예상하지 못했다. 공간 대여 플랫폼 스페이스 마켓 역시 다양한 이용 목적이 있다는 점을 초기에 간과했다.

이처럼 예측이 빗나갔을 때는 민첩하게 전략을 수정하는 것이 중요하다.

뛰어난 사업가들은 항상 고객 가까이에서 반응을 살핀다. 그리고 수집한 정보에 기반해 전략을 빠르게 수정한다. 실제로 앞서 언급한 기업들 모두 예상과 어긋난 상황을 빠르게 읽고 전략을 수정하며 위기를 기회로 바꿨다.

사장의 수첩에는 이렇게 쓰여 있었다.

전략은 혼자서 세우지 마라. 고객, 협력사와 대화를 나누며 구체화시켜라.

어떤 시장에서든 경쟁은 피할 수 없다. 그래서 수요를 집요하게 파고들어 확실한 차별점을 만들어라.

대기업의 신사업 도전,
그리고 조직적 문제의 극복

이제 대기업에서 신사업에 도전한 사례를 살펴보자. 특히 이번에는 본격적으로 사업을 시작하는 단계에 초점을 맞춰 설명할 것이다. 더불어 그 과정에서 대기업 특유의 조직적 한계를 어떻게 극복했는지도 보겠다.

다만, 지금 소개할 사례는 대외 홍보를 목적으로 한 것이 아니라서 공개 가능한 정보에 한계가 있다. 인터뷰 역시 익명을 전제로 했으며, 특정 기업을 유추할 수 있는 정보는 모두 제외했다. 그렇더라도 신사업을 추진하며 얻은 교훈만큼은 충분히 느껴질 것이다.

정확한 영역 선정으로 사업에 성공하다

금융계 대기업인 K사는 금융 관련 SaaS 사업에 진출해 불과 2년 만에 연간 반복 매출ARR 약 2억 엔을 달성했다.

- **영역 선정**

 K사의 사업 담당자 I 씨는 '금융과 디지털'이라는 영역을 미리 정한 뒤, 해당 분야에서 사업 기회를 탐색했다. K사는 이 영역에 대해 전사적으로 높은 관심과 추진 의지를 가지고 있었으며, 일정 수준의 역량도 갖춘 상태였다.

 게다가 I 씨가 소속된 디지털 서비스 개발 부서에 "이러이러한 서비스를 만들어 달라"는 요청이 꾸준히 들어오고 있었다. I 씨는 그중에서 타당하다고 판단한 아이디어들을 선별해 검토했다.

- **인사이트 발견**

 K사는 진출할 사업 영역을 빨리 좁힌 덕분에 인사이트를 찾는 데 바로 집중할 수 있었다.

 I 씨는 '자사 내부의 운영 과제를 해결하는 소프트웨어 개발'을 사업 검토 영역으로 설정했고, 덕분에 내부 조사만으로도 충분히 인사이트를 얻는 게 가능했다. 업무 운영 부서도 "자사 문제를 해결해주는 소프트웨어라면 적극 협조하겠다"는 태도로 조사에 흔쾌히 응했다.

 이처럼 조직 내부의 문제를 명확히 알고, 협조적인 분위기가 조성되면 인사이트를 발견하기 훨씬 수월하다.

 I 씨는 이 시점부터 경쟁 환경도 적극적으로 고려했다.

 스타트업도 쉽게 진입 가능한 영역이라면 곧바로 치열한 마케팅 경쟁이 벌어질 수 있다. 따라서 경쟁자들이 쉽게 뛰어들기 어려운 영역을 선택하려 했다. 이는 자사의 강점과 한계를 정확히 인식하고 있었기 때문에 가능한 판단이었다.

실제로 I 씨는 한때 '청구서 처리' 관련 사업을 검토했지만, 이 영역은 외부 스타트업도 쉽게 인사이트를 얻을 수 있는 분야라 판단해 보류했다.

이처럼 대기업에서 신사업을 추진하려면 다음 세 가지 조건을 충족해야 한다.

- ☐ 회사의 모든 부서가 힘을 모아 사업을 추진하고자 하는 의지
- ☐ 자사의 역량을 기반으로 한 충분한 실행력
- ☐ 외부에서는 쉽게 발견할 수 없는 고유한 인사이트

• **체계**

I 씨가 소속된 부서는 K사의 전체 운영 개선과 서비스 개발을 담당하는 팀이었다. 이 부서의 부장은 I 씨와 깊은 신뢰 관계를 유지하며 언제든지 자유롭게 논의할 수 있는 분위기를 조성했고, I 씨는 팀원들의 역량을 세심하게 파악하고 있었다.

또한 I 씨의 부서는 이미 여러 차례 금융 상품 개발과 운영 개선 프로젝트를 성공적으로 수행한 실적이 있었으며, 사내에서도 신뢰받는 팀이었다.

그 덕분에 예상치 못한 상황이 발생해도 불필요한 보고나 승인 절차에 시간을 낭비하지 않고 빠르고 유연하게 전략을 수정할 수 있었다.

무엇보다도 주목할 점은 I 씨가 사업 초기 단계부터 고객 인터뷰, 초기 영업, 비즈니스 모델 설계, 연구 개발, 소프트웨어 설계 및 개발까지 모든 과정에 깊이 관여하며 책임자 역할을 성실히 수행했다는 점이다.

I 씨는 "신사업을 진행할 때는 한 사람의 머릿속에서 체계적으로 정리되어야 한다"고 말했다. 실제로 신사업을 성공적으로 추진하기 위해서는 믿을 만한 인물에게 권한을 주고, 신사업에 온전히 집중할 수 있게 해주는 것이 효율적이다.

• 왜 우리가 이 사업을 해야 하는가?

K사는 기업 규모가 크다. 따라서 상대적으로 작은 신사업을 추진할 경우 "우리 기업이 왜 군이 이런 사업을 해야 하는가?"라는 질문을 피할 수 없다. 예컨대 '디지털 전환' 트렌드에 기대어 사업을 시작한다고 해도, 시간이 지나면 경영진에게 그 정당성을 끊임없이 설명해야 하는 상황이 벌어진다. 심지어 경영진 교체로 인해 방침이 바뀌는 경우도 종종 발생한다.

이처럼 언젠가 사업을 접어야 할지도 모른다는 압박을 의식한 I 씨는 사업을 꾸준히 이어갈 만한 명분과 논리를 미리 준비했다.

I 씨는 그 명분을 이렇게 설명했다.

"우리 회사에는 이런 문제가 있고, 이를 해결하기 위해 소프트웨어가 필요합니다. 그런데 외부 업체에 발주하면 꽤 큰 비용이 듭니다. 물론 내부에서 직접 개발할 때도 예산을 써야 하지만, 대신 외부 의존도를 낮출 수 있고, 스스로 개발을 주도하는 역량도 생깁니다. 즉, 매출이 생각보다 저조하더라도 내부 역량 강화 측면에서 충분히 의미 있습니다."

이렇듯 I 씨는 매출 예측 수치를 제시하며 사업의 당위성을 증명하는 방식을 선택하지 않았다. 그 대신 '왜 지금 이 사업을 해야 하는가'에 집중해 사업을 지켜냈다. 즉, '언젠가는 커질 것이다'라는 두루뭉술한 메시지가 아니라 '지금 당장 추진할 가치가 있다'는 현실적인 논리로 내부의 의구심을 지운 셈이다.

• 경쟁

I 씨가 추진한 사업에는 명확한 경쟁사 두 곳이 있었다. 다행히 경쟁사들은 스타트업처럼 민첩하게 움직이는 곳이 아니었다. 이들은 기존의 고비용 저성능 금융 소프트웨어를 공급하던 전통적인 벤더(제품이나 서비스의 공급자)들이었다.

I 씨는 조사 단계에서 이미 경쟁사들을 분석했고, 그들의 제품 수준과 조직 역량도 어느 정도 파악하고 있었다.

그는 자사 내부의 개발 역량과 도메인 지식을 바탕으로 한다면, 가격과 성능 면에서 경쟁사들보다 훨씬 우수한 소프트웨어를 만들 수 있다고 확신했다.

다만, I 씨가 처음에 예상하지 못했던 것이 있다. 오랜 시간 쌓아온 신뢰 관계를 파고들기 어렵다는 점이다. 주요 고객사들은 기존 벤더와 깊은 유대감을 형성하고 있었다. 그로 인해 고객사들은 자사의 서비스를 굳이 도입하려 하지 않았다. 자사 서비스가 가격과 성능 면에서 모두 우수하더라도, 기존 관계를 뛰어넘으려면 긴 시간 공을 들여야 했다.

그래서 I 씨는 약 10곳 정도의 고객사와 이야기를 나눈 후 전략을 바꾸기로 했다. '가격이 비싸다'는 이유로 기존 벤더의 시스템을 채택하지 않은 고객들을 공략하기로 한 것이다. 이는 가격 경쟁 전략의 일종으로, 먼저 저가형 제품으로 시장에 진입한 뒤 점진적으로 고객 기반을 확대하는 방식이다.

이때 가격은 경쟁사를 기준으로 정하는 편이 유용하다. 실제로 상품의 가격은 '가치'보다 경쟁사 가격이나 브랜드 이미지에 따라 결정되는 경우가 많다. 생각해보라. 왜 매일 쓰는 머그컵은 몇천 원이고, 고급 레스토랑 식사는 수십만 원일까? 정말 그 가치만으로 설명할 수 있을까?

• 개인의 재능이 사업에 날개를 달다

I 씨는 어떻게 열정적으로 신사업에 도전할 수 있었을까? 그는 이유를 이렇게 설명했다.

☐ 원래 성실한 성격이다.
☐ 언젠가 창업을 하고 싶기에 이번 도전은 미래를 위한 경험이자 투자라고 생각했다.

게다가 I 씨는 뛰어난 지식과 강한 책임감을 겸비한 인물이다. 디지털 관련 전공을 이수한 엔지니어 출신이라는 점도 이번 신사업의 성공에 크게 기여했다.

나는 당시 I 씨의 사업을 지원하고 있었기에 한 달에 한 번씩은 꼭 만나 이야기를 나눴다. 그런데 그동안 단 한 번도 "이번 달은 바빠서 만나기 힘듭니다" 또는 "외부 영업을 전혀 못 했습니다"라는 말을 들은 적이 없었다. I 씨는 매달 신규 영업과 서비스 개선에 전념하며 꾸준히 의미 있는 성과를 냈다.

또한, I 씨는 기존 업무를 병행하지 않고 신사업에만 온전히 집중했다. 이러한 몰입이야말로 신사업을 성공으로 이끈 결정적인 요인이었다.

결국 신사업을 성공시키기 위해서는 사업 담당자가 I 씨처럼 역량과 열정을 겸비한 인재여야 한다. 또한 그 인재에게 전적인 권한을 부여하는 체제가 반드시 필요하다.

인사이트 없이 맨땅에 헤딩하지 마라

이번에는 C사의 사례를 중심으로, 대기업의 신사업이 왜 지체되는지, 그리고 그 원인을 어떻게 파악해야 할지 함께 살펴보자.

C사의 고객들은 주로 고령층으로, C사는 가전제품 분야에서 어느 정도 자리를 잡은 상태였다. 그래서 C사는 온라인 쇼핑몰을 구축해

수익을 더 높이고, 사업 범위를 더 넓히고자 했다. 이 프로젝트를 담당했던 인물은 G 씨였다.

하지만 이 사업은 오랜 시간 실행되지 못했다. 무엇이 문제였을까? 왜 사업이 계속 지연됐을까?

- **영역 선정**

C사는 많은 고령층 가입자를 보유한 자체 미디어 채널을 운영하고 있었다. 회원 수는 무려 100만 명 이상에 달했다. 다만, 이 채널은 무료로 운영되었기 때문에 이용자들도 이를 철저히 '무료 매체'로 인식하고 있었다.

그런데 C사는 이 채널을 활용해 새로운 수익 모델을 만들고자 했다. 첫 번째 아이디어는 온라인 쇼핑몰 사업이었다. 자사의 채널에 방문하는 사람이 많았기 때문에, 여기에서 무언가를 판매하면 성공하지 않을까 생각한 것이다.

그러나 C사는 제품을 직접 판매해본 경험도 없었고, 쇼핑몰 운영과 관련한 노하우도 부족했다. 즉, 온라인 쇼핑몰을 구축하고 운영할 수 있는 역량이 갖춰지지 않은 상태였다. 결국 '채널 이용자가 많다'는 사실과 '그들을 대상으로 물건을 팔 수 있다'는 것은 전혀 다른 문제라는 현실에 부딪혔다.

게다가 이번 사업을 이끌 인력은 기존에 가전제품을 기획하던 팀이었다. 그렇다 보니 온라인 쇼핑몰처럼 경쟁이 치열한 시장에서 정면 승부를 하기는 힘들었다.

온라인 쇼핑몰 사업은 명백히 새로운 영역으로 진출하는 것이었다. 경영진이 이 사실을 확실히 인식하고, 필요한 역량을 키우기 위해 아낌없이 투자했어야 했다.

사업은 기획, 제조, 판매라는 세 요소가 유기적으로 맞물려야 한다. 이 중 일부 요소만 갖췄다고 해서 경쟁력이 생기지 않는다. 물론 트래픽(웹사이트 등에 유입되는 사용자 수)이 있으면 새로운 사업을 시작할 수 있다. 그러나 그것만으로 초기 경쟁력을 확보하기는 어렵다.

기존 고객층이나 트래픽이 실제 신사업 성과로 이어지지 않는 경우는 의외로 많다. B2B 영역에서도 마찬가지다. 기존에 거래하던 고객이 있다고 해서 새로운 상품을 쉽게 팔 순 없다. 특히 자사가 판매에 익숙하지 않은 영역이라면, 기존 고객에게조차 팔기 힘들다.

문제는 진출 계기에 해당하는 요소를 경쟁력으로 착각할 때 발생한다. 심지어 기술 기반 사업에서도 종종 이런 오해를 한다.

"우리는 이 기술의 특허를 갖고 있으니, 완전히 새로운 시장이라 하더라도 우리가 진출하면 승산이 있다"와 같은 논리는 희망 사항일 뿐이다. 성공 여부는 기존 역량이 아니라, 새로운 영역에 필요한 역량을 얼마나 빠르게 확보할 수 있느냐가 좌우한다.

• **인사이트 발견**

사실 C사도, 사업을 담당한 G 씨도 초기 단계에서 명확한 인사이트를 얻지 못했다.

'고령층 이용자가 많다'는 사실만으로 온라인 쇼핑몰이라는 치열한 경쟁 시장에서 살아남기에는 역부족이었다. 고객 입장에서 물건을 구매할 수 있는 곳은 무수히 많기 때문이다.

'우선 경험 삼아 어떤 상품이든 팔아보자. 그 과정에서 고객 및 선행자와 대화를 나누면서 인사이트를 찾아보자'는 방식도 불가능하진 않다. 하지만 그러기 위해서는 강한 실행력과 열정, 그리고 매우 민첩한 대응 능력이 뒷받침되어야 한다.

아무런 인사이트 없이 사업을 시작하는 것은 매우 높은 불확실성을 감수하고 나아가야 하는 일이다.

- **사업 시작**

G 씨는 본격적으로 사업을 시작하기 전에 먼저 고령층을 대상으로 설문 조사를 실시했다. 그리고 관심도가 높은 원예, 등산, 여행 관련 상품부터 판매를 시작했다. 자사에서 자체 제작한 의류 상품도 함께 출시했지만, 판매 실적은 좋지 않았다.

또한 자사의 사이트 방문자에게 상품을 구매하도록 유도하는 일은 예상보다 훨씬 어려웠다. 한때 통신사 결제를 도입하는 방안도 검토했지만 끝내 실행하지 못했다.

그래도 G씨는 고령층 대상 기업들이 주로 사용하는 콜센터나 카탈로그 중심의 판매 방식을 시도하지 않았다. C사의 사이트 이용자를 타깃으로 한 사업이었기 때문이다.

그러나 점차 판매 실적을 내기 어렵다는 점이 명확해졌고, G 씨는 '공감 기반 판매 방식'으로 전략을 바꿨다.

예를 들어, "A 지역의 음식점이 곧 폐업 위기에 처했습니다. 함께 응원해주세요"라는 메시지를 담아 크라우드 펀딩 형태로 상품을 판매한 것이다. 이렇게 다가가면 해당 지역과 관련된 사람들의 마음을 움직여 상품을 팔 수 있을 것이라 예상했다.

다행히 G 씨의 예측은 맞았다. 전략을 바꾼 뒤, 가장 많이 팔린 상품은 지역 특산 레토르트 식품이었다. 흥미로운 점은 구매자 대부분이 해당 지역과 직접적인 연고가 없는 사람들이었다는 사실이다.

이 경험을 통해 G 씨는 하나의 인사이트에 도달했다. 바로 "사람들은 생소한 지역의 특산물을 간편하게 먹고 싶어 한다. 하지만 그런 상품들을 모아둔 쇼핑몰은 드물다. 그 틈을 파고들면 성과를 낼 수 있지 않을까?"였다.

그러나 이 인사이트를 바탕으로 '지역 특산품 전문 온라인 쇼핑몰'로 곧장 전환하지는 않았다. 이유는 분명했다. 대기업인 C사가 뛰어들기엔 사업 규모가 너무 작았다.

또한 '도움이 필요하니 응원해주세요'라는 메시지만으로 계속 고객의 지갑을 열기도 어려웠다. 고객에게 "취지가 좋네요"라는 긍정적인 피드백을 받았더라도, 실제로 구매까지 이어지지 않는 경우도 많았다.

이처럼 사업을 시작한 뒤에 인사이트를 발견하는 접근법은 위험하다. 생각해보라. 매년 적자를 내면서 돌파구를 찾지 못하면 과연 얼마나 버틸 수 있을까? 그리고 사업 리더들의 열정은 그 시간만큼 이어질까? 3년간 못 찾았던 인사이트를 5년 후에는 찾을 수 있을까?

이런 현실적인 제약을 감안하면 '일단 부딪혀서 인사이트를 찾자'라는 방식은 길어야 2년, 실제로는 3~4개월 정도밖에 못 버틴다.

그렇지만 G 씨와 C사는 신규 인력 채용, 자체 상품 개발, 공급업체와의 협업 등 다방면으로 노력했다. 특히, 이 과정에서 온라인 판매에 필요한 역량을 새롭게 확보했다는 점은 중요한 성과다. 이러한 역량은 향후 C사가 다른 사업에 도전할 때에도 귀중한 자산으로 작용할 수 있을 것이다.

사장의 수첩에는 이렇게 쓰어 있었다.

자사가 겪는 문제를 사업 기회로 바꿔보라.

신사업에 실패해도 새로운 역량을 얻으면 다음 기회를 잡을 수 있다.

신사업은 왜 대기업에서
더 어려울까?

우리 회사의 강점은 뭐지?

신사업에 필요한 역량과 현재 역량의 차이가 클수록 사업 준비에 더 많은 에너지가 든다.

예를 들어, 앞에서 본 K사는 평소에도 내부 역량을 키우는 데 집중했기에 언제든 신사업을 추진할 준비가 되어 있었다. 반면, C사의 역량은 온라인 쇼핑몰을 하기에 부족했고, 이에 따른 시행착오를 겪었다.

K사 사례에서 주목할 점은 사업 실행 가능성을 판단할 때 조직 전체의 역량뿐 아니라 구성원 개개인의 역량 수준까지 세밀하게 파악했다는 점이다. 그 덕분에 현실적인 목표와 실행 계획을 세울 수 있었고, 불필요한 시행착오를 줄일 수 있었다. 특히 I 씨는 스타트업 간의 속도 경쟁이 치열한 영역을 의도적으로 피하는 전략을 선택했다. 이는 매우 현명한 결정이었다.

의사결정자 수가 적을수록 빠르게 움직일 수 있고, 이는 곧 치열한 경쟁 속에서 살아남게 해준다. 반대로 의사결정이 느릴 수밖에 없는 대기업 조직은 속도가 중요한 전장에서 불리할 수밖에 없다. 따라서 민첩하게 대응하기 어려운 구조라면, 속도보다 자사의 다른 강점이 더 효과적으로 발휘될 수 있는 영역을 선택해야 한다.

때로는 I 씨의 전략처럼 스타트업이 활약하는 영역을 아예 제외하는 것도 유용하다. 대표적으로 다음과 같은 특성을 갖춘 시장이라면 스타트업에 유리하고 대기업에는 불리할 수 있다.

- ☐ 2년 이내에 급성장을 기대할 수 있는 시장
- ☐ 초기 투자금이 크지 않은 시장
- ☐ IT 등 젊은 세대가 선호하고 경험이 많은 시장

그렇다고 해서 자사 역량 밖의 영역에 절대 진출하면 안 된다는 뜻은 아니다. 다음과 같은 조건을 충족시키면 충분히 도전해볼 만하다.

- ☐ 강한 실행 의지
- ☐ 장기적으로 투자할 준비
- ☐ 그에 걸맞은 인재를 채용하거나 육성할 계획

이러한 조건이 갖춰지지 않은 상태에서 새로운 영역에 진출하면 금세 난관에 부딪히게 된다.

인사이트 발견을 뒤로 미루지 마라

인사이트 발견 단계를 건너뛰면 이후에 해결해야 할 문제가 더욱 많아진다. 때로는 시장에 진입하고 나서도 끝내 인사이트를 발견하지 못하는 경우도 더러 있다. 때로는 간신히 인사이트를 발견하더라도 그로부터 도출된 사업의 규모가 지나치게 작아 수익을 내기 어려운 경우도 적지 않다.

따라서 시장에 먼저 진입한 후 인사이트를 발견하겠다는 전략은 매우 신중하게 선택해야 한다. 이 방식을 택한다면 해당 영역에 대한 강한 의지와 열정이 반드시 뒷받침되어야 한다.

대화 속에 숨어 있는 인사이트

여러 번 강조했듯이, 유용한 인사이트를 발견하기 위해서는 초기 아이디어에 대해 업계 전문가나 선행 기업으로부터 피드백을 받고, 이를 바탕으로 고객에게 여러 차례 아이디어를 제시하며 다듬어 나가야 한다.

처음 사업을 준비하는 사람에게는 이 과정이 낯설고 부담스러울 수 있다. 새로운 사람을 만나거나 냉정한 피드백을 받는 일이 쉽지 않다는 점은 충분히 이해한다. 수많은 사업을 진행해본 나에게도 결코 즐거운 일은 아니다. 하지만 나는 그 필요성을 절실히 느꼈기에 지금도 꾸준히 노력하고 있다.

때로는 한 사람과 끊임없이 의견을 주고받는 경우도 생긴다. 상대방 역시 그 대화를 통해 도움을 얻는다고 느끼기 때문이다. 이처럼 적절한 대화 상대를 만난다면 전략을 구체화시키며 신사업을 추진하는 것도 충분히 가능하다.

사업을 성공으로 이끌 조직 체계

회사에서 신사업을 추진하려면 조직 체계가 중요하다. 아무리 좋은 인사이트와 적절한 사업 영역을 찾았더라도, 기민하게 움직일 수 있는 체계가 없다면 사업을 성공으로 이끌기 매우 어렵다. 따라서 다음과 같은 체계를 갖추기를 추천한다.

- **임원과 부장의 역할**
  - ☐ 직원 개개인의 역량을 파악해 자사의 경쟁력이 충분한지 객관적으로 판단한다.
  - ☐ 만약 역량이 부족하다면 이를 보완하기 위해 과감하게 투자한다.
  - ☐ 사업에 대해 깊이 이해하며, 사업 리더의 선택을 존중하고 인맥 소개나 조언 등을 통해 적극적으로 돕는다.
  - ☐ 불필요한 내부 보고 등 신사업을 방해할 만한 요인을 줄여 리더가 사업에만 집중할 수 있도록 지원한다.

☐ 예산 확보 및 협력자 설득, 반대 의견 조율 등을 통해 사업 리더를 실질적으로 보호한다. 특히 '왜 이 사업을 우리 회사가 해야 하는가'라는 질문에 대해 명확히 설명할 수 있어야 한다.

- **사업 리더의 역할**

☐ 강한 추진 의지를 갖고 신사업에 전념한다. 이때 다른 업무와 병행해서는 안 된다.

☐ 해당 영역에 대한 깊은 배경지식을 갖추고, 이를 바탕으로 인사이트를 발견한다.

☐ 새로운 고객, 협력 업체와 끊임없이 만나고, 그 과정에서 얻은 정보를 바탕으로 전략을 빠르게 수정한다.

☐ 경영진으로부터 확고한 신뢰를 받아야 하며, 내부를 설득하는 데 지나치게 시간을 뺏기면 안 된다.

☐ 이 사업을 왜 추진해야 하는지에 대한 답을 찾아야 한다. 경영진이 사업에 대해 불필요한 압박을 주더라도 스스로를 보호할 수 있어야 한다.

보고에 매달리지 않고 신사업에 집중하는 법

신사업을 이끄는 리더는 성과에 대한 압박을 피하기 어렵다. 회사에서는 틈날 때마다 사업 상황을 보고하라며 채근하기 일쑤다. 물론 회사가 신사업의 진행 상황을 관리하려는 목적은 충분히 이해한다.

그러나 사업 리더가 그 과정에서 힘을 빼면 안 된다. 되도록 다음의 핵심 시점에만 상황을 보고하는 것이 바람직하다.

- 인사이트 발견 시점: 고객 반응 확인
- 집중 투자 단계 진입 시점: 초기 투자 성과나 소규모 수익 실적 확보

우선 인사이트는 고객 반응이나 실적과 함께 제시해야 설득력을 갖는다. 인사이트에는 주관적인 해석이 포함된다. 따라서 경영진이 해당 영역에 대해 잘 모를 경우, 실적 없이 보고해봤자 의미 없다. 특히 실제 고객에게 제안해보지도 않은 상태라면 인사이트를 보고할 단계가 아니라고 볼 수 있다.

이후 집중 투자 단계로 넘어가려면 "이 방식으로 시도했더니 고객 반응이 있었고, 실제 판매로 이어졌다"는 실적을 기반으로 보고해야 한다. 이 시점에서도 인사이트를 객관적으로 설명하기는 어렵기 때문이다.

단, 이 모든 판단은 회사의 공략 영역이 명확할 때 가능하다. 목표 영역이 어느 정도 정해졌다면 첫 도전에 실패하더라도 그 과정에서 얻은 지식과 역량이 자산으로 남는다. 그렇기에 초기 진입 단계에서 지나치게 신중할 필요 없다.

사장의 수첩에는 이렇게 쓰여 있었다.

대기업의 약점은 속도, 장점은 자산이다. 때로는 스타트업이 재빨

리 움직이는 시장을 피하는 것도 좋은 전략이다.

인사이트도 없는 채로 무작정 사업을 시작하는 것은 위험하다.

계획은 즉각적으로 실행되지 않으면
그저 좋은 의도에 지나지 않는다.

– 피터 드러커

2장

사업을 계속할까, 멈출까?

그동안 성공한 사업가들의 실제 사례를 중심으로 '이렇게 하면 성공할 수 있다'라는 성공 전략을 설명했다.
하지만 현실은 늘 이론처럼 흘러가지 않는다. 기대한 수익이 전혀 나지 않거나, 초기 반응은 좋았지만 얼마 못 가 사업을 철수하는 경우도 비일비재하다.
'사업을 계속 해야 할까, 아니면 멈춰야 할까?' 사업을 하는 사람이라면 누구나 한 번쯤 이 고민을 마주하게 된다. 이 장에서는 사업 철수에 대한 고민을 해결해줄 판단의 기준과 전략 수정의 타이밍, 그리고 실패 이후의 회복 전략까지 함께 다루겠다.
잘되는 회사 사장의 수첩에는 밀어붙이는 타이밍뿐 아니라 손을 떼야 할 시점도 명확하게 적혀 있다. 이 장이 바로 그 시점을 판단하는 데 필요한 단서를 알려줄 것이다.

철수는 언제
결정해야 할까?

내가 가장 자주 받는 질문 중 하나는 "사업은 언제 철수해야 하나요?"이다. 나의 대답은 간단하다. '자사가 설정한 목표를 확실히 달성할 수 없을 때' 사업을 철수해야 한다.

단순히 수치만으로 철수를 결정하지 마라

사업의 목표는 다양하다. 예를 들어, 앞에서 소개한 I 씨의 경우 매출이나 이익 같은 수치적 목표를 세우지 않았다. 그가 속한 K사의 목표는 '자사의 금융 운영을 디지털 기술로 개선하는 것'이었다. 이런 맥락에서 이 사업을 중단해야 하는 시점은 '디지털 기술로 자사의 운영 개선이 어려워지는 순간'이라고 할 수 있다.

흔히 말하는 '3년 내 흑자 전환', '5년 내 누적 손실 해소' 같은 일률적인 철수 기준은 이 경우에 적합하지 않다. 이런 기준은 오히려 현명한 판단을 방해할 수 있다.

• **사업이 안정되었다면 수치로 기준을 정할 수 있다**

의류 사업을 하는 유토리는 명확한 철수 기준이 있다. 1년 이내에 월평균 매출이 700만 엔을 넘어서지 못하면 브랜드를 철수한다. 이는 새로운 의류 브랜드를 계속 출시하기 위해서다.

이 철수 기준은 브랜드 책임자에게 명확한 방향성과 기대치를 제시하는 역할도 한다. 만약 철수 기준이 명확하지 않으면 각 브랜드의 책임자가 스스로 철수 결정을 내려야 해서 큰 부담감을 느끼게 된다.

그렇다면 화장품 사업처럼 다른 영역에도 같은 기준을 적용해야 할까? 반드시 그럴 필요는 없다. 새로운 영역을 이미 수익이 안정적인 의류 브랜드와 같은 판단 기준으로 평가하기는 어렵다.

• **초기 인사이트가 틀렸다면 빨리 발을 빼라**

1부에서 다룬 다카하라의 부동산 사업 사례를 떠올려보자. 사업 초기에 다카하라는 마케팅 역량을 핵심 경쟁력이라고 판단했다. 그러나 점차 시장 환경을 파악하면서 매입 능력이 더 중요하다는 사실을 깨달았다.

그는 초기 인사이트가 틀렸다는 사실을 깨닫자마자 부동산 사업을 철수하기로 결정했다.

만약 부동산 사업을 반드시 성공시켜야 했다면 인사이트를 다시 탐색하며 방향을 바꿨을 수도 있다. 하지만 당시 다카하라는 이미 다른 사업을 성장시키고 있었기에 무리하게 부동산 사업을 밀어붙일 필요는 없었다.

이처럼 예상치 못한 변수가 발생했을 때를 대비해 회사의 목표에 맞는 철수 기준을 미리 설정해두는 것이 중요하다.

철수할 것인가, 방향을 바꿀 것인가

대상 영역을 공략하는 것 자체가 목표라면 첫 시도에 실패하더라도 새로운 전략으로 재도전하거나, 여러 사업을 동시에 추진해도 된다. 실제로 바이트댄스는 숏폼 동영상 시장을 공략하기 위해 비슷한 세 가지 서비스를 동시에 출시하는 강수를 두었다. 이처럼 새로운 영역에 진입하려면 집요함과 끈기가 필요하다.

진입 초기에는 자사의 역량도 부족하고, 진입 전략의 정확도도 낮은 경우가 많다. 따라서 한 번 시도해보고 어렵다며 곧바로 철수하는 방식으로는 새로운 사업을 성공시키기 어렵다.

단, 특정 인사이트를 기반으로 자사의 역량을 한곳에 집중시켰다면, 그 인사이트가 틀렸다고 판단되는 시점에 즉시 철수를 고려해야 한다.

예를 들어, '영어 공부를 끝까지 해내도록 돕는다'라는 서비스 콘셉트가 시장에서 전혀 통하지 않는다면, 철수를 고민해야 하는 것이다.

다만 어떻게든 영어 교육 사업을 하겠다는 확고한 목표를 가지고 있다면, 사업 철수보다 콘셉트를 수정해 재도전하는 편이 좋다.

인사이트가 문제라면 방향을 과감하게 바꿔라

인사이트가 잘못됐다면 과감하게 전략을 수정해야 한다. 당연히 이 경우에는 판매하는 상품을 바꿀 수밖에 없다.

특히 사업 리더가 인사이트에 대한 확신을 갖지 못하면서 전략 수정까지 미루면 안 된다. 이는 두 가지 경우에 흔히 나타난다.

- ☐ 새로운 인사이트를 발견하지 못한 상태에서 기존 인사이트의 오류를 인지한 경우
- ☐ 자신의 잘못된 판단을 인정하면 회사에서 입지가 흔들릴까 봐 두려워하는 경우

이런 상황이 지속되면 결국 '2년간 예비 프로젝트를 진행했지만 사업은 시작조차 못 했고, 다음 단계로 넘어갈 유의미한 인사이트도 얻지 못해 철수했다'는 결말로 이어질 수 있다. 실제로 이런 사례는 드물지 않다.

따라서 사업 리더는 용기를 가지고 시기적절하게 전략을 수정할 수 있어야 한다. 또한, 경영진 역시 전략 수정이 신사업을 시작할 때 당연히 발생하는 일'임을 이해하고 받아들여야 한다. 이 과정은 초기 예측 실패에 따른 실수가 아니다.

예상치 못한 상황을 '실패'로 단정지으면 안 된다. 성공한 사업가들 역시 수많은 예측 불가능한 상황에 직면하며 전략을 유연하게 조정해

나가고 있다. 사업이란 본질적으로 정확한 예측 위에서만 하는 활동이 아니다.

• **철수해도 얻을 수 있는 것들**

뛰어난 사업가들은 사업의 성패와 상관없이 항상 자산을 남긴다. 그래서 나도 사업에 실패하더라도 반드시 자산을 남기려고 한다.

이때 자산이란 해당 영역에 대한 지식과 역량을 뜻한다. 만약 다음에 공략하려는 대상 영역이 동일하다면 이 자산은 얼마든지 재활용할 수 있다. 반면, 공략하려는 영역이 분산되어 있다면 자산을 쌓고 활용하기 어려워진다.

사업은 성공할 수도, 실패할 수도 있다. 특히 새로운 영역으로 진입하는 경우, 실패 확률은 높다. 따라서 여러 인사이트를 찾아 두는 편이 안전하다.

다시 말해, 정확히 공략하고자 하는 대상 영역을 정했다면 초기 단계에는 다양한 아이디어를 제안하고, 점차 유망한 쪽으로 집중하는 방식이 훨씬 효과적이다.

신사업을 준비할 때 중요한 두 가지

새로운 사업을 시작하기 위해서는 핵심 인사이트를 명확히 하고 그 부분에 집중해야 한다.

그래서 나는 조언할 때에도 꼭 필요한 논점만 짚어주려고 한다. "이 부분만 돌파하면 나머지는 어떻게든 풀린다"라는 식이다. 사업 리더가 불필요한 활동에 에너지를 쓰지 않고 가장 중요한 논점에 집중하도록 돕기 위해서다. 그 과정에서 과거의 유사 사례를 힌트로 제시하기도 한다.

사업 시작 단계에서 가장 중요한 논점은 대체로 두 가지다. 바로 '팔릴 것인가?', '만들 수 있는가?'다.

예를 들어, 영어 교육 사업처럼 이미 경쟁이 치열한 시장에서는 콘텐츠나 강사 역량만으로는 차별화하기 어렵다. 따라서 이때는 '우리 회사 서비스가 정말 팔릴 것인가?'가 핵심 논점이 된다.

반면, 만들기만 하면 확실히 팔릴 것이 보장되는 사업이라면 '만들 수 있는가?'가 중요한 논점이 된다.

예를 들어, '서울에서 부산까지 30분 만에 5만 원으로 안전하게 이동할 수 있는 수단'을 만든다면 팔릴 것인가?'라는 점은 논할 여지가 없다. 이때는 '실현 가능한가? 즉, 만들 수 있는가?'가 사업의 핵심 논점이다.

특히 제조업체에서는 '과연 팔릴까?'에 대해 깊이 고민하지 않고 '만들 수 있는가?'에만 몰두하는 실수를 종종 하곤 한다. 수년간 개발에만 몰두하다가 정작 제품을 출시했을 때 시장에서 외면받는 경우도 적지 않다

이처럼 제품 출시 전까지 수요를 검증하지 않는 것은 큰 리스크다. 다행히 이 리스크를 줄일 방법은 분명히 존재한다. 따라서 초기 단계

에는 완성도를 높이기보다 가장 중요한 리스크부터 확인하고 줄이는 데 집중해야 한다.

팔리지 않을 리스크를 미리 차단하라

그렇다면 팔리지 않는 상황을 피하려면 어떻게 해야 할까? 많은 사업가가 그런 상황을 막기 위해 미리 판매를 예측한다. 그러나 '얼마나 팔릴까?'를 예측하기는 매우 어렵다. 대략적인 계산은 가능하지만, 내 경험상 정밀한 예측은 환상에 가깝다.

물론 설문조사나 각종 데이터를 활용해 수치를 조합하고, 매출을 추정해볼 수도 있다. 어쩌면 수학을 좋아하는 사람에게는 즐거운 작업일지도 모른다.

하지만 먼저 '팔리는 상태'를 만드는 것이 더 중요하다. 강한 구매 의사를 가진 고객을 몇 명이라도 확보하여 실제 구매로 이어지게 만들어야 한다.

지금부터는 그런 상태를 어떻게 만들 수 있을지 구체적으로 살펴보겠다.

- **고객이 정말 사줄까?**

신사업에서 가장 먼저 확인해야 할 것은 '정말 팔릴 것인가'라는 핵심 리스크다. 보통 본격적으로 사업을 시작하기 전에 고객에게 영업 자료나 샘플 상품을 보여주고 구매 의사를 확인한다. "이런 제품을 만들려고 하는데 사용해보시겠어요? 초기 버전이라 저렴하게 드릴 수 있습니다"라고 제안하며 고객 반응을 살피는 것이다.

이때 고객이 "실제 완성품을 보기 전에는 판단하기 어렵습니다"라고 반응한다면 개발에 투자하면 안 된다. 반대로 "좋네요. 얼마 정도는 낼 수 있어요"처럼 확실한 구매 의사가 확인된다면, 고객의 의견을 적극 반영해 개발을 시작해야 한다. 소프트웨어의 경우라면 해당 고객사 전용으로 제작해도 괜찮다. **중요한 건 고객을 확보한 후에 개발 투자에 나서야 리스크를 줄일 수 있다는 점이다.**

몇 달을 들여 어렵게 개발했지만 팔리지 않는다면, 그 손실은 단지 비용 문제로 그치지 않는다. 이런 실패가 반복되면 "이번엔 팔릴 거야"라는 사업 리더의 외침조차 "지난번에도 안 됐잖아"라는 회의적인 분위기에 눌릴 수밖에 없다. 나 역시 예전에 이와 같은 쓰라린 경험을 한 적이 있고, 다시는 되풀이하고 싶지 않다.

팔리는 것이 먼저 검증되면 수익성, 유통 채널, 원가 구조 등은 차차 조정할 수 있다. 반대로 팔리지 않는 것은 아무리 애를 써도 무의미하다.

이 이야기가 직감을 키우라는 모호한 말로 들릴 수도 있다. 하지만 고객에게 프레젠테이션했을 때의 반응을 살피다 보면 점차 사업을 판단하는 눈이 생긴다. 예컨대 "재미있는 아이디어네요. 응원합니다"라는 형식적인 인사와 "지금 당장 써보고 싶어요. 언제 출시되죠?"라는 실제 의사의 차이를 분명히 구별하게 된다.

사람들은 아이디어에 열정을 가진 사람에게 부정적인 말을 잘 하지 않는다(물론 예외도 있다). 그래서 형식적인 반응을 '고객 수요를 확인했다'라고 착각하는 경우가 종종 발생한다.

아이디어는 긍정적인 에너지로 만들어가야 하지만, 동시에 '혹시나 혼자만 믿는 것은 아닐까'라는 두려움도 함께 지녀야 한다. 앞에서도 말했듯이, 사업가는 불확실한 상태에서도 앞으로 나아갈 수 있는 낙관성과 자신감, 그리고 고객의 피드백을 겸허히 받아들이고 자사의 전략에 유연하게 반영할 수 있는 자세, 이 두 가지를 동시에 갖추는 것이 중요하다.

사업 아이디어는 시작 단계에서 충분한 근거 없이 출발하기 마련이다. 그래서 더더욱 타인의 반응을 있는 그대로 받아들이고, 검증 과정에서 드러나는 신호를 놓치지 않는 태도가 중요하다. 특히 아끼는 아이디어일수록 집착하게 되어 고객의 부정적인 반응을 외면하기 쉽다. 하지만 그런 신호를 무시한 채 밀어붙인 아이디어는 결국 실패로 돌아갈 가능성이 높다.

• 귀를 기울여야 할 상대는 따로 있다

고객 이외의 부정적인 피드백은 무시해도 괜찮다. 특히 고객이나 업계 관계자도 아니고 해당 분야의 경험도 없는 일반인의 피드백은 정확도가 떨어진다.

"사업을 시작하려 했을 때 많은 사람이 안 될 거라며 말렸지만 결국 성공했다"는 이야기를 자주 듣는다. 아마 말리는 사람들의 의견을 따랐다면 그들은 성공도 맛보지 못했을 것이다. 그런 비판에 신경 쓸 필요는 없다. 고객이나 전문적인 식견을 가진 사람의 의견에 집중하는 것이 더 바람직하다.

물론 해당 분야의 전문가가 "그건 성공하지 못할 거야. 지금까지 해온 관행과 다르거든"이라고 말하는 경우도 있다. 이런 의견은 신중하게 해석해야 한다.

예를 들어 "기존의 관행과는 다르지만, 그래도 나는 이 방향을 밀고 나가겠다"라는 의지가 강하다면 그 의견을 무시할 수도 있다. 반대로 "관행을 바꾸려면 꽤 공을 들여야겠군. 생각보다 설득하기 어렵겠다"라고 받아들일 수도 있다.

관행을 '조금이라도' 바꾸는 일에는 막대한 에너지가 든다. 특히 부동산 같은 분야에서는 관행을 바꾸는 데 드는 비용을 과소평가하고 진입했던 기업들이 실패한 사례도 많다.

'업계를 바꾸겠다'는 의지는 용감한 태도로 보일 수 있지만, 그 과정에서 필요한 현실적인 비용과 시간을 반드시 파악해야 한다. '제안한 아이디어가 너무 훌륭해서 별다른 홍보 없이도 고객이 자연스럽게 몰리고 업계 판도를 바꾸는 상황은 드라마와 같다. 실제로 차량 공유라는 개념을 정착시키기 위해 우버가 투입한 마케팅 비용은 상상을 초월하는 규모였다.

사장의 수첩에는 이렇게 쓰여 있었다.

단순한 수치로 철수를 결정하지 마라. 목표를 달성할 수 없다면 사업을 접어라.

'확실히 팔릴까?', '만들 수 있을까?' 이 두 질문의 답은 사업을 시작하기 전에 확실히 찾아라.

성공한 사장은
언제, 얼마나 투자할까?

사업이 시작되면 어느 순간 급격한 성장을 맞이하게 된다. 이 시점부터는 마치 불씨에 연료를 부어 활활 타오르게 하듯, 자사의 역량 안에서 인력과 자본을 집중 투입해 사업의 성공 가능성을 최대한 끌어올려야 한다.

이때부터는 조직 설계와 대규모 자본의 효율적 운용이 매우 중요해진다. 사업 리더의 역할도 바뀐다. 초기 단계에서는 사업 리더가 고객과 직접 대화를 나누며 전략을 조정했다면, 집중 투자 단계에서는 조직과 자본을 관리하며 사업 전반을 지휘하는 후방 역할로 전환되어야 한다. 사고방식 또한 꾸준히 성장을 지향하는 방식으로 바뀌어야 한다.

집중 투자 시점은 사업 리더가 감당할 수 있는 리스크의 크기와 성장 필요성에 따라 결정된다. 감당할 수 있는 리스크 수준이 높거나 경쟁 환경이 매우 치열하다면 빨리 투자를 결정해야 한다.

예를 들어, 엔비디아는 고객의 수요를 1년 앞서 예측하고 대규모 투자를 감행했는데, 이는 해당 시장의 경쟁이 그만큼 치열했기 때문이다. 바이트댄스 또한 초기부터 공격적인 투자를 이어가며 시장을 장악했다.

반면, 이들과 경쟁한 기업들은 투자 구조를 제대로 갖추기 전에 손실을 감당하지 못하고 철수하거나 주저앉는 경우가 많았다. 결국 사업이 살아남을 수 있는 구조조차 만들지 못한 셈이다.

만약 감당할 수 있는 리스크가 적거나 경쟁이 덜 치열한 환경이라면, 집중 투자 시점을 늦추고 소규모로 사업을 이끌어갈 수도 있다. 높은 매출 목표를 세우지 않고도 자기 자본만으로 꾸준히 수익을 내는 기업은 생각보다 많다. 다만 언론의 주목을 받지 않았기에 잘 드러나지 않을 뿐이다.

확장하면서도 무너지지 않는 기업의 비결

• 사내 문화에 힘쓴 영어 교육 기업

프로그릿은 조직을 대규모로 키우면서도 서비스 품질을 유지하는 데 성공했다.

사업 초기에는 오카다가 모든 영업을 직접 맡고, 공동 창업자와 함께 마케팅을 담당하는 소수 정예 체제로 핵심 역량을 키웠다. 이후 이 기반 위에 조직을 확장하되, 서비스 품질을 유지하며 성장할 수 있는 방법이 무엇일지 고민했다.

그리고 고민 끝에 프로그릿이 택한 방법은 모든 직원을 정규직으로 채용하는 것이었다. 이는 일반적인 영어 회화 학원과는 다른 결정으로, 안정적인 고용을 토대로 높은 수준의 서비스를 유지하겠다는 전략이 담겨 있었다.

또한 긍정적인 내부 문화를 다지고 조직의 결속력을 강화하기 위해 사내 교육과 커뮤니케이션, 복지 등 다양한 영역에 적극적으로 투자했다. 이는 브랜드 가치와 고객 신뢰를 유지하며 조직을 안정적으로 성장시킨 핵심 기반이 되었다.

• 인재 채용에 진심인 의류 기업

유토리의 성장을 지탱하는 핵심 요소는 '인재'다. 특히 유토리는 크리에이터 커뮤니티 내에서 자사에 입사하고 싶어 하는 분위기를 조성하는 데 힘쓰고 있다. 커뮤니티에서 주목받는 유능한 인재가 자연스럽게 유토리에 끌리도록 만들겠다는 전략이다.

그래서 유토리는 채용 후보자 입장에서 자사가 어떻게 보이는지를 늘 고민한다. 브랜딩, 외부 커뮤니케이션, 조직 문화까지 꼼꼼히 점검하고 있으며, 이 과정에서 자사의 이미지가 객관적으로 어떻게 전달되는지를 예민하게 살핀다. 이처럼 채용 자체를 '브랜드 강화의 연장선'으로 바라보는 접근은 유토리의 경쟁력을 장기적으로 높이는 데 크게 기여하고 있다.

사장의 수첩에는 이렇게 쓰여 있었다.
경쟁이 치열하거나 리스크를 감당할 수 있다면 빠르게 투자해 앞으로 치고 나가라. 단, 집중 투자하기 전에 반드시 리스크 감수 정도, 조직 수용력 등을 검토하라.

조직이 커질수록 조직 문화, 인재 관리, 품질 유지 전략이 중요하다.

나는 사업가의
자질을 갖췄을까?

지금까지 다양한 사업가들의 사례를 살펴보았다. 누군가는 '나도 사업을 잘할 수 있겠다'라며 용기를 얻었겠지만, 다른 누군가는 '사업가에게 필요한 판단력과 열정은 나에게 없다', '우리 회사에는 사업가의 그릇을 가진 인재가 없다'라는 생각에 좌절했을지도 모른다.

그렇다면 성공할 사업가의 자질은 타고나는 것일까? 아니면 노력으로 만들 수 있는 것일까? 이제부터는 성공한 사업가가 되기 위해 필요한 자질이 무엇인지, 그리고 노력으로 그 능력을 갖출 수 있을지 함께 살펴보겠다.

열정 없는 사업가는 존재하지 않는다

사업가에게 필요한 여러 자질을 나열할 수 있지만, 결국 '진심을 담아 오래 몰입할 수 있는 열정'만이 유일한 필수 요건이라고 생각한다. 그 외의 요소들은 있다면 좋겠지만, 없어도 치명적이진 않다.

그렇다면 열정이란 무엇일까? 요약하자면 다음 세 가지 조건을 충족하는 것이다.

- 목표와 현재 상태의 차이를 매일 고민하며 과제를 찾는다.
- 그 과제를 해결할 방안을 고민하고, 낯선 일도 마다하지 않으며 실행에 옮긴다.
- 실행 과정에서 실패하더라도 좌절하지 않고 새로운 방식으로 다시 도전한다.

만약 자신이 현재 회사의 사업 방향에 열정을 갖기 어렵다면 열정을 가질 수 있는 영역을 빨리 찾아야 한다. 자본이나 기술, 인재 등 다른 요소는 외부에서 보완할 수 있지만, 열정은 외부에서 가져올 수 없기 때문이다.

다르게 말하면, 열정이 없는 상태에서 신사업을 성공시키는 것은 거의 불가능하다. 열정이란 단순한 관심을 넘어, 다른 목표들을 뒤로 미루고 온전히 하나의 목표에 몰입하는 의지를 뜻한다. 진심으로 시작하고 싶은 사업이 있다면 다른 일은 잠시 접고 3개월 동안 전념해야 한다. 목표에 20%의 에너지를 쓰는 것과 100%, 혹은 그 이상을 투입하는 것은 결과 면에서 큰 차이가 난다. 성과는 '몰입도의 제곱'에 비례하기 때문이다.

자신이 사업할 조건을 갖췄는지 알고 싶다면 스스로에게 다음 질문을 던져보자.

- 지금 내가 이루고자 하는 목표는 무엇인가?
- 그 목표를 위해 반드시 해결해야 할 과제는 무엇인가?
- 그 과제를 해결하기 위해 나는 무엇을 하고 있는가? 더 할 수 있는 일은 무엇인가?

이 질문에 명확하게 답하지 못한다면 아직 온 힘을 쏟지 않았다는 뜻이다. 신사업을 준비하는 과정이 힘들 수 있지만, 그 안에서 느끼는 보람은 결코 작지 않다. 이 여정을 즐길 수 있는 사람이 결국 유능한 사업가로 성장한다.

특히 '과제를 해결하기 위해 나는 무엇을 하고 있는가?'라는 질문은 다른 사람에게 도움을 적극적으로 요청하는 능력과도 연결된다. 혼자 모든 것을 감당하려 하지 말고, 적절한 도움을 받는 것 또한 유능한 사업가에게 필요한 자질이다.

외부의 도움을 활용하라

새로운 사업을 성공시키기 위해서는 다양한 요소가 필요하다. 그중 일부는 외부에서 충분히 채울 수 있다. 예를 들면 다음과 같다.

- 목표 영역을 정하기 위한 풍부한 지식과 정보
- 고객 인사이트를 발견하기 위한 대화 기회

- ☐ 선행자 인사이트를 얻기 위한 사례 및 관련 정보
- ☐ 인사이트를 더욱 날카롭게 다듬기 위한 전문가와의 대화 기회
- ☐ 사업 초기 단계에서 필요한 민첩한 추진 방식에 대한 정보

이러한 요소들은 모두 외부에서 공급받을 수 있다. 실제로 많은 사업가가 주변의 도움을 받으며 신사업을 준비한다.

사업가의 역량을 회사에서 키울 수 있을까?

성공한 사업가들은 각자 고유한 자질을 지니고 있다. 그래서 종종 경영자들은 "피터 틸 같은 인물이 우리 회사에 있었으면 좋겠다"라고 생각하곤 한다. 하지만 경영자의 기준에 완벽히 부합하는 사업가가 되기란 현실적으로 쉽지 않다.

사실 사업가들도 완벽한 존재는 아니다. 때로는 적극성이 지나쳐 몽상가로 보이기도 하고, 오히려 부족한 능력이 눈에 띄는 경우도 많다. 재무 관리, 조직 설계, 운영 등 모든 영역에서 뛰어난 사람은 없다. 그래서 유능한 사업가들은 보완 가능한 팀을 구성해 각자의 강점을 살리는 방식으로 사업을 추진한다.

사업가의 재능은 어느 정도 훈련을 통해 길러질 수 있다. 만약 그것이 불가능하다면 기업들은 신사업을 준비할 때마다 타고난 재능을 가진 인재를 외부에서 영입해야 한다. 그러나 그토록 뛰어난 인재가 한

회사에만 머무르며 신사업을 이끌 확률은 매우 낮다.

이러한 현실을 고려할 때, 조직이 스스로 사업가형 인재를 육성할 수 있는 체계를 갖추는 것이야말로 가장 현실적인 전략이다.

주식 없이도 열정을 지닐 수 있을까?

"스톡옵션이나 주식을 받지 못하는 대기업의 사업가들은 스타트업 인재들에 비해 열정이 약하다."

혹시 이런 말 들어봤는가? 이렇게 말하는 사람을 종종 보지만 나는 이 주장에 동의하지 않는다. 물론 주식이라는 인센티브가 열정을 자극하는 요인 중 하나라는 점은 부인할 수 없다. 그러나 열정은 주식의 유무로 설명할 수 없는 차원의 것이다.

보상이 반드시 주식이나 스톡옵션이어야 하는 것도 아니다. 급여를 중심으로 한 명확하고 현실적인 보상이 오히려 효과적인 경우도 많았다. 내 경험상, 불확실한 스톡옵션보다 확실한 연봉 인상이 동기부여에 훨씬 효율적이었다. 게다가 많은 경우, 스톡옵션은 별다른 가치 없이 사라진다.

'오늘 이만큼 노력하면 주식을 더 받게 되겠지', '상장하면 주식 가치는 이 정도가 되겠다'는 계산을 열정의 근거로 삼는 사업가는 드물다. 적어도 내가 본 뛰어난 사업가들은 그렇게 열정을 키우지 않았다.

성공한 사업가들은 '사업을 키우는 그 과정' 자체에서 의미와 동기를 찾는다. 열정은 반드시 보상에서 나오는 것이 아니다. 오히려 '지금의 나를 성장시키는 일에 도전하고 있다'라는 생각이 강한 열정을 만든다.

사장의 수첩에는 이렇게 쓰여 있었다.

신사업에 온전히 몰입하라. 에너지를 모두 쏟아 몰입하면 반드시 길을 찾을 것이다.

성공한 사장의 수첩에 적힌
신사업 프로그램

신사업은 일상 업무 속에서 자연스럽게 찾는 것이 이상적이다. 하지만 그 방식이 힘들다면 구조부터 만들어야 한다. 이때 프로그램이라는 형식은 좋은 방안이다.

　나는 지금까지 수많은 기업에서 신사업 프로그램을 만들고, 조직에 자연스럽게 녹아들도록 도왔다. 이번에는 그 노하우를 소개하겠다.

그림 7 | **새로운 사업의 시작**

영역 탐색　　　인사이트 발견　　　사업 시작

사업 창출 프로그램의 9단계

1. 자사 역량 파악

앞서 신사업에 필요한 핵심 역량을 마케팅, 영업, 기획, 제조 및 서비스, 경영 관리로 나눠 살펴봤다. 이 중 자사는 실제로 어떤 역량을 갖췄는지 정확히 파악해야 한다. 여기서 '정확히'란 부서 단위로 대충 짐작하는 수준을 말하지 않는다. 직원 한 사람 한 사람의 실무 역량까지 구체적으로 파악해야 한다.

어떤 사업에서 성과를 냈다고 해도, 그 역량이 다른 분야에서도 똑같이 통하리란 보장은 없다. 따라서 새로운 영역에 진입할 땐, 영업이나 마케팅 같은 판매 역량, 혹은 기획이나 제조, 서비스 제공 같은 제작 역량 중 자사의 강점을 중심축으로 삼아 전략을 세워야 한다. 그래야 사업의 방향이 훨씬 명확해진다.

2. 대상 영역 선정(초기 인사이트)

자사가 진출해야 할 사업 영역은 일하며 얻은 인사이트, 산업 구조의 변화, 그리고 직원들의 열정 등 다양한 요소를 통해 발견할 수 있다. 이 가운데 일하며 얻은 인사이트는 성과로 이어질 가능성이 높아서 특히 주목해야 한다. 고객과 직접 만나는 현장 직원들은 잠재적인 인사이트의 보고다. 따라서 반드시 이들의 의견을 귀 기울여 듣고 분석해야 한다.

또한 새로운 영역에 꾸준히 도전하려면 인사이트를 찾는 과정이 일상 업무에 자연스럽게 녹아 있어야 한다. 다시 말해, 영역 선정과 인사이트 도출을 따로 떼어놓지 말고 동시에 진행하는 것이 바람직하다. 과정을 지나치게 쪼개기보다는 눈에 띄는 영역을 찾으면 자사의 강점과 역량을 어떻게 접목할 수 있을지를 먼저 고민해보자. 만약 초기 인사이트조차 없는 상태에서 새로운 영역에 무작정 뛰어들면 실패할 가능성이 높다.

3. 대상 영역 조사

괜찮은 사업 영역을 찾았다면 정말 그 시장에 들어갈 가치가 있는지 빠르게 조사해야 한다. 이때 중요한 점은 '간단하고 신속하게' 조사해야 한다는 것이다. 지나치게 많은 시간과 비용을 들이면 탐색 단계에서 힘이 빠지고 만다.

무엇보다 조사하기 전에 초기 인사이트가 있어야 한다. 인사이트 없이 조사부터 시작하면 정보는 쌓여도 갈피를 잡기 힘들다. 결국 핵심을 놓치게 되는 것이다.

4. 확실한 인사이트 발견

사업을 시작하려면 무엇보다 확실한 인사이트가 필요하다. 이를 위해 고객이나 선행자들과 꾸준히 대화하고, 전문가의 의견을 반영해 아이디어를 구체화해야 한다. 그런 다음 다시 피드백을 받는 과정을 반복하면 인사이트는 점점 정교해진다.

때로는 처음에 찾은 인사이트가 완전히 다른 형태로 바뀌기도 한다. 그렇더라도 자사의 역량으로 실행할 수 있는 전략으로 이어지면 괜찮다.

현실적인 전략이란 기존 역량에 조금만 더 채우면 실행할 수 있는 것을 말한다. 만약 새로 필요한 역량이 많다면 시간과 자원을 많이 투자해야 한다. 경우에 따라서는 M&A 등 외부 자원을 활용하는 방법도 고민해야 한다.

5. 고객의 구매 의사 확인, 판매 실적 제시

새로운 사업을 추진할 때 지나치게 절차가 복잡하면 사업 담당자의 열정이 꺾인다. 아무리 유능한 사람이라도 끊임없이 보고하고 설득해야 하는 상황이 반복되면 좌절감을 느낄 수밖에 없다.

물론 전혀 검증되지 않은 아이디어에 자원을 투자하긴 어렵다. 그래서 이 책에서는 신사업 추진을 위한 최소한의 관문으로 두 가지를 제안한다. 바로 '고객의 구매 의사 확인'과 '판매 실적 제시'다.

핵심만 빠르게 검증하면 사업에 추진력을 붙일 수 있다. 반대로 검증 없이 회의만 반복하거나 단점만 지적하는 방식은 담당자의 열정을 꺾고, 시간과 비용만 낭비하게 만든다. 결국 타이밍을 놓치고 사업 기회 자체가 사라질 수도 있다.

6. 발 빠른 체계 만들기

신사업의 성패는 결국 얼마나 빨리 실행할 수 있는가에 달려 있다. 그래서 가장 먼저 해야 할 일은 열정 넘치는 담당자가 온전히 몰입할 수 있는 환경을 만드는 것이다. 이를 위해선 팀에게 실질적인 권한을 주고, 별도의 설명 없이도 빠르게 결정할 수 있는 의사결정 체계를 갖춰야 한다.

물론 이런 체계는 하루아침에 완성되지 않는다. 조직도만 바꾼다고 해결되지도 않는다. 만약 지금 자사에 이런 기반이 없다면, 작은 시도부터 '유연하게 대응하는 습관'을 길러야 한다.

7. 사업 시작

신사업을 시작하면 예상하지 못한 변수가 반드시 발생한다. 따라서 처음부터 완벽한 전략을 세우기보다, 유연하고 민첩하게 전략을 수정하며 실행하는 것이 중요하다. 이때 사업 담당자는 고객과 직접 만나고, 영업과 마케팅을 주도하면서 방향을 잡아야 한다.

또한 되도록 빠르게 작은 실적이라도 내야 한다. 그 실적을 바탕으로 '무엇에 집중 투자해야 성장이 가능한지' 판단하는 것이 핵심이다. 이 판단을 할 수 있을 때가 바로 집중 투자로 전환할 타이밍이다.

8. 리스크 관리

경제적인 리스크는 집중 투자 단계 이후에 발생한다. 다만, 그 시점에는 판매 실적을 확인할 수 있어서 리스크를 관리하기 수월하다. 반면, 초기엔 대부분 소규모 예산으로 운영되기 때문에 경제적 손실은 크지 않다. 하지만 인사이트 없이 시간만 흘러간다면 매우 치명적이다.

인사이트는 우연히 발견된다. 그래서 발견 확률을 높이려면 아이디어를 자유롭게 공유하고, 고객이나 선행자와 대화하는 횟수를 늘려야 한다.

9. 집중 투자

집중 투자 대상이 눈앞에 나타나는 순간은 말 그대로 기적 같다. 시장에서 수요를 확인했고, 내부에선 사업 방향에 대해 공감했으며, 열정 넘치는 리더까지 준비된 상태! 이런 기회는 흔치 않다. 이 기회를 최대한 활용하려면 주저하지 말고 과감하게 투자해야 한다.

집중 투자 결정을 차일피일 미루면 추진력이 급격히 떨어지고, 경쟁력도 빠르게 약해진다. 특히 초기에 고생하며 사업을 키운 인재들이 회사의 소극적인 태도에 실망할 수 있다. 더 심각한 상황은 "이 회사는 실적이 있어도 투자를 안 한다"는 인식이 퍼지는 것이다. 그러면 새로운 사업에 뛰어드는 일이 줄줄이 힘을 잃는다.

따라서 회사의 성장은 물론이고, 직원들에게 강한 동기를 주기 위해서라도 가능성을 본 사업에는 반드시 집중 투자를 해야 한다.

새로운 사업을 맡게 된다면 무엇부터 해야 할까?

새로운 사업을 맡게 되었을 때 반드시 염두에 두어야 할 점들이 있다. 지금까지는 주로 전략적 관점에서 접근했지만, 이번에는 태도와 자세에 집중해 살펴보겠다. 전략은 목표를 향한 방향을 제시할 뿐이다. 실행 과정에서 대신 노력해주지 않는다. 결국 끝까지 버텨낼 힘은 정신력에 있다.

• 자사의 역량 범위 안에서 움직여라

경영진의 강한 지원이나 장기 투자 약속이 없다면, 지금 당장 활용 가능한 자사 역량 안에서 사업을 시작해야 한다. 무리하게 새로운 영역에 도전하면 내부 역량도 제대로 못 쓰게 된다. 게다가 조직 내부의 불필요한 저항과 압박에 시달릴 가능성이 높다.

• 초기 인사이트가 있는 영역을 조사하라

초기 인사이트도 없는 영역을 조사하면 대부분 헛수고가 된다. 그러니 고객과 자주 만나는 동료, 믿을 만한 협력자들과 함께 대화를 나눠보자. 인사이트는 얼마든지 바뀌어도 괜찮지만, 사업을 시작할 때 적어도 하나는 있어야 한다.

• 정확한 인사이트를 얻으려면 고객, 선행자와 대화를 나눠라

초기에는 데스크 리서치로 산업 구조나 선행자의 흐름을 빠르게 파악하는 것이 중요하다. 그 이후 여러 사람과 대화를 나누며 초기 인사이트를 더 정교하게 발전시켜야 한다. 고객과 선행자(미래의 파트너가 될 수도 있다)를 자주 만나고, 의견을 주고받으며 아이디어를 직접 다듬어라.

• 실적으로 설득하라

인사이트는 결국 당사자의 해석이다. 그래서 말만으로 설득하기 힘들다. 아이디어가 있다면 가능한 한 빨리 고객에게 제시해보고, 작게라도 실적을 확보한 다음 그것을 근거로 설득하라. 실적은 가장 강력한 동의서다.

• 유연한 체계를 만드는 데 힘을 쏟아라

좋은 전략만으로는 성공할 수 없다. 사업 담당자가 전방에서 민첩하게 움직일 체계를 갖춰야 한다. 사업이 시작되는 순간부터 담당자는 보고하는 데 시간을 뺏기지 않고, 고객과 시장에 집중해야 한다.

• 어쨌든 팔아라

기업이 성장하지 못하는 가장 큰 이유는 '영업과 마케팅의 부족'이다. 그런데도 많은 기업이 그 이유를 '제품의 문제'로 단정 짓는다. 유능한 사업가가 되고 싶다면 먼저 영업 활동부터 돌아봐야 한다. 열 명의 고객과 약속도 잡기 전에 전략을 의심하는 것은 의미 없다. 일단 고객을 만나고 제안하고 설득해야 한다. 열 명 중 한 명만 계약이 성사돼도 충분히 성공 가능성을 입증한 것이다.

초기에는 부정적인 반응이 많아 움츠러들 수밖에 없다. 그러나 뛰어난 사업가는 피드백을 받고 전략을 수정하는 과정을 즐긴다. 그리고 무엇보다 중요한 것은 '무조건 팔러 나가는 일'이다.

이때 아무나 만나서는 안 된다. 새로운 시도에 열린 고객, 특히 업계 내 영향력이 있는 고객을 먼저 공략하자. 이들의 힘이 합쳐지면 파급력은 훨씬 커진다.

• 혼자서라도 시작하라

'팀워크'와 '파트너십'은 멋진 단어지만, 사업 초반에는 종종 실패의 핑계가 되곤 한다. 사업 초기에는 팀이 삐걱거리거나, 파트너가 기대만큼 성과를 내지 못하는 일이 흔하다.

무엇보다 인사이트는 본질적으로 주관적이기에, 처음에는 담당자 혼자서 믿고 추진해야 할 수도 있다.

여러 번 강조했듯이, 다른 사람을 설득하는 가장 강력한 방법은 실적이다. 작은 실적이라도 생기면 자연스레 사람들이 따라붙는다. 그러니 '혼자서라도 끝까지 간다'는 각오로 시작하라.

• 반응이 왔다면 몰입하라

신사업에는 항상 몰입해야 한다. 하지만 회사 사정상 신사업에만 몰입하기 힘든 경우가 있을 것이다. 그럴 때는 시장의 반응이 느껴졌을 때라도 온전히 몰입해야 한다. 스스로 확신이 생기고, 주변 반응도 긍정적이라면 주저하지 말고 몰입하고 또 몰입하라. 깊이 몰입할수록 성과는 끝없이 커진다.

• 경험 자체를 수익으로 여겨라

새로운 사업을 만든다는 것은 자전거를 배우는 일과 비슷하다. 처음엔 어렵지만 한 번 균형을 잡으면 다음은 훨씬 수월하다.

    초기에 겪는 시행착오는 역량을 빠르게 성장시키는 자산이 된다. 이 여정을 단순한 고생이 아니라, 값진 성장의 기회로 받아들여야 한다. 새로운 사업은 분명 힘든 도전이지만, 충분히 즐길 만한 가치가 있다.

저자 경력

마지막으로 내가 그동안 어떤 사업을 했고, 어떤 깨달음을 얻었는지 간략히 소개하겠다.

이 내용은 시간순으로 정리하지 않았다. 대신 각 시기마다 내가 맡았던 역할과 지위를 기준으로 경험을 정리했다. 최근의 경험 중에는 세부 내용을 공개하기 어려운 것들도 있어, 부득이하게 과거의 경험 중심으로 서술한 점을 이해해주길 바란다.

사업에 전혀 관심 없었던 공대생

'로봇이나 소프트웨어를 만들 수 있다면 멋지지 않을까?'

그 단순한 생각이 나를 도쿄대학 EEIC(전자정보공학과·전기전자공학과)로 이끌었다. 지금 돌아보면 그 선택이 인생의 큰 전환점이었다.

나는 대학에 들어갈 당시만 해도 사업에 전혀 관심이 없었다. 수업 시간에 C언어로 계산 최적화나 포인터 구조 같은 이론을 배웠지만, 실제 서비스를 만들기에 턱없이 부족하다고 느꼈다. 그 갈증을 해소하고 싶어 찾은 길이 스타트업이었다. 단순히 '실용적인 프로그래밍을 배워보고 싶다'는 마음에서 시작된 선택이었다.

그러나 주변 친구들은 이미 한참 앞서 있었다. 자기 방에 서버를 설치해 애니메이션을 녹화하고 스트리밍하는가 하면, 인턴 신분으로도 연간 1,000만 엔 가까운 소득을 얻던 친구도 있었다. 나중에 그들 중 몇 명은 실제로 상장기업의 CTO가 되었고, 창업에도 성공했다.

2011년 당시, 인턴십은 아직 보편화되지 않은 개념이었다. 전용 사이트도 없었기에 나는 지인을 통해 GMO 벤처파트너스$^{GMO\ VP}$를 소개받았다.

운 좋게도 나는 일본에서 '가장 영향력 있는 벤처 투자자'로 손꼽히는 무라마쓰 류 씨, 그리고 훗날 GMO VP의 파트너가 된 미야사카 도모히로 씨와 함께 일할 기회를 얻었다.

면담을 마친 뒤 무라마쓰 씨는 "새로 만든 회사에서 일해보라"며 내게 제안했고, 그렇게 나는 신설 법인의 첫 멤버가 되었다. 프로그래머 겸 번역가로 입사한 팀은 디자이너와 미야사카 씨, 그리고 나까지 단 세 명뿐이었다.

처음엔 인턴을 하며 프로그래밍을 더 깊이 배우고 싶었지만, 인력이 부족한 탓에 직접 영업 현장에도 나가게 됐다. 그리고 그 과정에서 사업 전반을 온몸으로 체험할 수 있었다.

2011년에서 2012년으로 넘어갈 무렵에는 페이스북이 일본 시장에 본격적으로 진입했고, 이용자 수가 폭발적으로 증가했다.

마침 내가 인턴으로 있던 회사는 페이스북을 활용한 프로모션 서비스를 주력 사업으로 삼고 있었다. 그런데 이 분야의 진입 장벽이 매우 낮았다. 결국 경쟁사가 순식간에 늘었고, 서비스 가격은 놀라울 만큼 빠르게 떨어졌다. 이때 나는 '경쟁 전략'의 중요성을 처음으로 느꼈다.

그런데 이상한 일이 벌어졌다. 회사의 매출이 오른 것이다.

그 이유는 간단했다. '페이스북 광고'라는 수요가 폭발하는 시장을 정확히 선택했고, GMO 그룹 자원이라는 확실한 무기를 갖춘 덕분이었다.

당시 블로그에는 '페이스북이 믹시(일본의 SNS)를 이길 수 없는 10가지 이유' 같은 글이 넘쳐났지만, 실제 영업 현장에선 전혀 다른 현실이 펼쳐졌다(과거 블로그 글을 검색해보니 "페이스북은 널리 보급될 것이다"라는 응답이 21.7%에 불과했다).

그 시절의 나는 전략도, 인사이트도 몰랐다. 비록 인턴이었지만 가장 좋은 현장에 있었음에도 나는 그저 페이스북의 약관과 API 문서를 읽으며 주어진 프로그래밍만 하고 있었다.

그러다 우연히 지인에게서 콜센터용 CRM 시스템 개발을 의뢰받았다. 그렇게 나는 사업을 시작하게 됐다.

당시 나는 어느 정도 개발 역량을 갖춘 상태라 따로 영업하지 않아도 일이 자연스럽게 들어왔다. 이후 중고차 판매회사의 CRM 프로젝트에도 참여했는데, 그 작업은 내 역량을 한참 넘어서는 대형 프로젝트였다. 그래서 개발은 외주로 돌리고, 나는 요구사항 정리와 프로젝트 디렉션을 맡았다. 이때 처음으로 '컨설팅'의 역할을 접했고, 사업 운영에 필요한 실질적 역량을 몸으로 배우게 됐다.

당시에는 잘 몰랐지만, 나는 다음과 같은 고객 인사이트를 찾았던 것 같다.

- 고객은 CRM 도입을 절실히 원한다.
- 경쟁사의 서비스는 대부분 고가이고, 맞춤형 CRM을 저렴하게 제공하는 업체는 드물다.
- 오픈소스 CRM(예를 들어, 슈가CRM)은 수요를 충족시키기엔 다소 부족한 면이 있다.
- 나는 오픈소스를 활용하여 매우 낮은 단가(아르바이트 시급 수준의 비용)로 개발할 수 있다.

만약 CRM 시스템을 저렴하게 제공하면서 적극적으로 영업까지 하는 업체들이 많았다면, 내게 일이 들어오지 않았을 것이다.

페이스북 API를 활용한 개발을 시작으로 나는 PHP와 AJAX(웹페이지를 새로고침하지 않고도 필요한 부분만 서버와 데이터를 주고받아 갱신할 수 있는 기술)를 익혔다. 이후에는 PHP 프레임워크를 활용한 CRM 개발로 확장하였고, 수주 개발을 위해 영업도 직접 맡게 되었다. 결국 내 역할은 CRM 개발 컨설팅과 프로젝트 디렉션까지 넓어졌다. 이런 역량은 특별히 계획을 세워 얻은 것이 아니었다. 그저 일하며 하나씩 쌓아 올린 결과였다.

나는 점차 기술보다 사업에 관심이 생겼고, 마침 그 무렵 운 좋게도 리크루트 홀딩스Recruit Holdings의 상무집행임원이었던 기타무라 요시히로北村吉弘 씨의 배려로 리크루트에서 아르바이트할 기회를 얻었다.

사실 학생 시절에 만들었던 회사는 사업이라기보다 생활비를 벌기 위한 수단에 가까웠다. CRM, 교육, 인재 관련 등 다양한 분야의 일을 무작정 벌이며 연 매출이 2천만 엔 정도까지 성장했지만, '이 사업을 확장하고 싶다'는 의지가 전혀 없었다. 아니, 회사를 어떻게 키울지에 대한 그림 자체가 없었다. 수요에 따라 유연하게 움직일 수 있다는 점에서는 나쁘지 않았지만, 의지가 없으면 결국 방향을 잃고 헤매게 된다는 사실을 나중에서야 깨달았다.

졸업 후에는 자연스럽게 취업을 준비했다. 도쿄대학 EEIC에서는 대부분의 졸업생이 제조업체의 개발직이나 연구직으로 갔고, 나도 해당 기업들을 직접 견학하며 선배들과 대화도 나누었다. 하지만 그때 나는 개발 분야에서 일류가 되기 어렵겠다는 판단을 내렸다. 연구실의 선배들과 동기들이 워낙 뛰어났기 때문이다.

나는 개발보다 영업이나 사업 쪽이 더 적성에 맞는다는 확신이 들었다. 지금 돌이켜보면 이 선택은 나만의 경쟁 전략으로서 꽤 합리적인 판단이었다.

당시 봤던 드라마의 영향도 컸다. 드라마 속 인물들이 하던 기업 회생이나 M&A 같은 일이 흥미로워 보였고, 나도 그런 일을 해보고 싶다는 마음을 갖게 되었다. 그렇게 나는 맥킨지앤드컴퍼니McKinsey&Company에 입사했다.

맥킨지에서 배운 피드백의 중요성

운이 좋게도 나는 첫 프로젝트부터 국가 간 M&A 프로젝트에 참여할 수 있었다. 맥킨지에서 일한 짧은 기간 동안 약 60%의 시간을 이 프로젝트에 집중했다. 당시 나의 주요 관심사는 '기업 인수합병'이었고, 신사업 관련 프로젝트를 해본 적은 없었다.

당시에 맥킨지는 정말 자유로운 분위기의 회사였다. 강한 의지와 타당한 논리만 있다면 거의 모든 작업이 허락됐다.

예를 들어 "이 분야를 제대로 이해하기 위해 고객과 함께 미국에 다녀오겠습니다"라고 하면 실제로 고객과 함께 미국 출장을 갈 수 있었다. 심지어 "업계가 워낙 전문적이라 조사만으로는 부족합니다. 현지 업계 사람들과 술자리를 갖고 싶습니다"라고 말하면 인도네시아에서 열리는 칵테일 파티에 참석해 인맥도 쌓을 수 있었다.

지금 돌이켜보면, 업계 인사이트를 얻으려면 조사만으로는 부족하다는 사실을 이때 배웠다. 업계 내부자들과 직접 만나 아이디어를 공유하고 피드백을 받는 과정이 훨씬 중요했다.

맥킨지 퇴사 후, 아이디어를 적극적으로 공유하다

학창 시절부터 나는 M&A와 사업 재편에 꾸준한 관심이 있었다. 그래서 '승계 대상이 없는 회사를 인수해 재편하고, 여러 회사를 통합해 매각하거나 상장하면 수익을 낼 수 있지 않을까?'라는 아이디어를 종종 사람들에게 이야기하곤 했다.

물론 당시의 아이디어는 아직 전략이라고 부르기 어려운 수준이었다. 그래서 실행에 옮길 때 많은 시행착오를 겪었다. 이때 한 가지 교훈을 얻었다. 바로, 전략은 실행하기 전에 구체화시켜야 시간과 에너지 낭비를 안 할 수 있다는 것이다.

한번은 주변에 내 아이디어를 계속 말하고 다녔더니 "70세가 되어 회사를 은퇴하려는 사장님이 계신데, 그 회사를 물려받을 생각이 있느냐?"라는 뜻밖의 제안을 받기도 했다. 실제로 실행하진 못했지만, 아이디어를 외부에 공유한 덕분에 생긴 기회였다는 점에서 매우 의미 있는 경험이었다.

그 뒤로 나는 아이디어가 떠오르면 혼자만 품고 있지 않는다. 되도록 빠르게 주변 사람들과 공유하는 편이다. 그러면 아이디어를 실현할 방법에 대한 조언을 얻기도 하고, 때론 뜻밖의 기회가 생기기도 한다.

첫 인수 이후 예상하지 못한 제안을 받다

첫 인수 건은 예상보다 순조롭게 진행되었다. 나와 두 명의 출자자가 자본금 1,000만 엔을 투자했고, 여기에 1억 엔의 차입금을 더해 SPC(특정 목적 법인)를 설립했다. 나는 이 법인을 통해 인재 관련 사업을 인수했고, 대표이사로 취임했다. 당시 1억 엔이라는 자금을 차입할 수 있었던 이유는 주주로 참여한 개인의 높은 신용도 덕분이었다.

인수 당시 내 나이는 조직 내에서 어린 편에 속했다. 직원 대부분이 나보다 연장자였고, 그러다 보니 조직 운영에서 적잖은 어려움을 겪었다. 이때 소규모 조직의 개편에서는 감정적으로 힘든 일도 많다는 사실을 뼈저리게 실감했다.

경영 초기에는 비용 절감을 최우선 과제로 삼았다. 매출총이익을 핵심 지표로 설정하고, 노력 대비 수익성이 낮은 일은 과감히 줄였다. 오랜 시간 유지된 조직일수록 비합리적인 지출 구조가 곳곳에 숨어 있기 마련이다. 그런 비용을 바로잡는 것만으로도 어느 정도 개선 효과를 기대할 수 있다. 하지만 비용을 절감하는 데에는 한계가 있었고, 결국 매출을 늘리는 방식으로 성장을 이끌 수밖에 없었다.

그래서 나는 기존 사업의 영업력과 마케팅 역량을 끌어올리고, 서비스 품질을 개선하려 애썼다. 하지만 안타깝게도 큰 성과는 없었다. 지금 돌이켜보면 내 경험이 부족한 탓이었다. 나는 영업, 마케팅, 이벤트 운영, 광고 등 어떤 분야에서도 충분한 실전 경험을 해보지 못했다. 게다가 기존 사업의 낡은 서비스를 다듬는다고 해서 매출이 갑자기 오를지도 미지수였다.

결국 나는 기존 사업만으로는 성장하기 어렵다는 판단을 내렸다. 마침 당시 투자자로부터 "새롭고 참신한 사업으로 기업가치를 높여야 한다"는 조언을 듣기도 했다. 그래서 나는 본격적으로 신사업 기회를 찾기 시작했고, 그때 앞에서 언급한 콜센터 대상 사업을 만나게 되었다. 결과는 성공적이었다. 이 사업은 매출과 이익 측면에서 모두 큰 성장을 이끌어냈다.

첫해에는 약 1,500만 엔의 적자가 발생했다. 당시 투자자들의 반응이 두려워 걱정했던 기억이 아직도 생생하다. 다행히 2기부터는 흑자 전환에 성공했고, 회사도 본격적인 성장 궤도에 올라설 수 있었다.

사업 재편에 몰두하는 생활에 점점 지쳐가던 즈음, 나는 다른 회사로부터 "회사를 함께 맡아보지 않겠느냐"는 제안을 받았다. 당시 나는 어느 정도 성과를 냈다는 자부심도 있었고, 또 하나의 좋은 경험이 될 것 같아 그 제안을 받아들였다.

상장을 준비하며 비로소 사업의 무게를 느끼다

내가 임원으로 일했던 회사는 당시 직원 수 약 500명 정도의 중견기업이었다. 사실 처음 경험하는 규모의 조직이었다. 당시 이 기업은 상장을 준비 중이었고, 수많은 우여곡절 끝에 2021년 도쿄증권거래소 그로스 시장에 성공적으로 상장할 수 있었다.

그 과정에서 나는 다양한 사업 전략 수립은 물론, 감사법인 및 증권사와의 협상, 주주 대상 IR^{Investor Relations} 활동 등 일반적인 중소기업에서는 접하기 어려운 실무를 직접 수행했다. 사업의 무게를 처음으로 느낀 순간이었다.

참고로, 상장 관련 공식 서류에는 당시 집안 사정으로 성을 바꾸기 전에 사용하던 성이 적혀 있다.

투자가라는 새로운 도전

이후 나는 스타트업을 대상으로 몇 건의 개인 투자를 진행했다. 특히 학창 시절 친구가 창업한 기업에 초기 투자자로 참여했을 땐, 명목상 사외이사로서 사업 운영에도 일부 관여할 수 있었다. 이 회사는 이후 놀라운 속도로 성장해 상장까지 성공했다.

솔직히 말하면, 나 역시 친구의 기업이 이 정도로 성공할 줄은 예상하지 못했다. 경영진의 강한 실행력과 열정에 진심으로 감탄할 뿐이다. 사실 내가 투자한 일부 스타트업은 기대만큼의 성과를 내지 못했다. 그것이 스타트업 투자라는 세계의 본질이기도 하다.

신사업을 자문하게 되기까지

이렇듯 여러 경험을 하고 나니, 점차 대기업들로부터 신사업, M&A, 소수 지분 투자와 관련한 자문 요청을 받게 되었다. 이 책에 담긴 핵심 메시지 중 상당수는 바로 이러한 자문 경험에서 얻은 것이다.

하지만 상담 요청이 늘어나면서 개인의 역량만으로는 한계에 부딪혔다. 그래서 이를 조직적으로 체계화하기 위해 컨설팅 기업 '스트래티지캠퍼스'를 설립했다.

새로운 사업

나는 다양한 현장을 직접 경험하며 전략을 수립하고, 새로운 사업을 시작하는 일에 점차 익숙해졌다. 그 결과, 이제는 내가 주도하는 신사업들을 예측 범위 안에서 안정적으로 성장시킬 수 있게 되었다.

이 책에서 제시한 여러 주장과 나의 개인적 경험이 어떻게 연결되는지, 최근에 시작한 AI 사업 사례를 통해 간단히 정리해보겠다.

- 주장: 기업은 고유한 역량에 의해 강하게 제약받는다. 따라서 자사의 역량을 정확히 파악하고, 실행 가능한 영역에서 성과를 내야 한다.
- 배경: HR 서비스 기업으로 출발해, 내부 디지털 서비스를 직접 운영하고, 다른 HR 기업에 해당 서비스를 제공했다. 이후 HR 산업 외부 고객에게까지 확장했으며, 자사 역량의 범위 안에서 점진적으로 사업 영역을 넓혔다.

- 주장: 낯선 영역에 진출하기 위해서는 기존의 역량만으로는 부족하며, 핵심 인재의 영입이 필요하다.
- 배경: 기존의 역량만으로는 HR 서비스 기업에서 AI 기업으로 전환할

수 없었다. 다행히 핵심 인재를 영입한 덕분에 이와 같은 도약이 가능했다.

□ 주장: 역량을 키우기 위해 평소에도 노력해야 한다.
□ 배경: 꾸준히 신규 고객을 유치하고 새로운 상품을 개발했다. 또한 신규 인재 채용을 통해 조직 역량을 키우는 데도 집중했다.

□ 주장: 정확한 인사이트를 얻으려면 고객과 직접 대화를 나눠야 한다.
□ 배경: 나는 새로운 사업을 시작할 때 직접 영업을 하며 고객과 대화를 나눴고, 이 과정에서 유용한 인사이트를 얻었다. 특히 소규모 조직일수록 대표가 직접 시장에 나서는 것이 효과적이다.

□ 주장: 사업을 시작하기 전에 선행자의 움직임을 면밀히 분석하고 경쟁 전략을 마련해야 한다.
□ 배경: 항상 참고할 만한 기업의 움직임을 관찰하고 분석해왔다. 선행자의 정보는 전략 수립의 방향을 정하는 데 결정적인 기준이 되었다.

□ 주장: 사업을 시작한 이후에는 빠르게 움직일 수 있는 조직 체계를 갖춰야 한다.
□ 배경: 초기 사업 추진은 대표인 내가 직접 주도했으며, 팀원들 역시 이처럼 기민한 움직임에 익숙해져 있었다. 새로운 도전을 자연스럽게 받아들이는 사내 문화 덕분에 다양한 시도를 할 수 있었다.

☐ 주장: 새로운 사업을 빠르게 성장시키려면 일정 기간 동안 열정을 가지고 집중적으로 몰입해야 한다.
☐ 배경: 성과를 냈던 사업 대부분은 3개월 내외의 집중 기간을 거쳐 빠르게 확장했다.

• 앞으로 하고 싶은 일

나는 무언가 하고 싶은 일이 생기면 늘 그것을 주변에 알려 기회를 만들었다. 물론 주변에 알린 모든 일을 해보진 못했다. 하지만 분명한 사실은 알리지 않으면 쉽게 기회가 오지 않는다는 것이다.

① 끊임없이 역량을 키우고 새로운 영역에 도전하는 기업으로의 도약

이 책에서 다룬 주제는 현재 스트래티지캠퍼스의 핵심 사업이기도 하다. 돌이켜보면 나는 다양한 사업을 했지만, 그 중심에는 언제나 '기업 혁신'이 있었다.

지금까지 수백 건의 프로젝트를 수행하며, 일본을 대표하는 여러 기업과 함께 이 책에서 설명한 전략을 직접 실행해 왔다.

전략을 수립하고, 다국적 기업과 협력해 새로운 사업을 만들어가는 일은 언제나 흥미롭고 의미 있는 작업이다. 앞으로도 새로운 영역에 도전하려는 기업들과 함께 성장하고 싶다.

② 글로벌 사업 확장에 기여

최근 나는 다양한 국가의 사업가들과 토론하며 새로운 사업을 만들고 파트너십을 주도하는 역할을 맡고 있다. 기존 사업의 확장과 신사업 창출이라는 두 축을 중심으로 파트너십과 M&A를 추진하는 중이다.

그 과정에서 미국, 캐나다, 이스라엘, 독일, 스페인, 영국, 싱가포르, 태국, 인도네시아, 그리고 어린 시절을 보낸 인도까지 수많은 국가를 직접 방문하고 협업을 진행했다. 앞으로도 더욱 강력한 체계를 구축해 이 일들을 추진할 계획이다.

③ AI 및 데이터 활용

나는 학창 시절부터 알고리즘에 관심이 많았다. 대학원 시절, 매일 프로그램을 짜던 시간이 지금도 그립다. 소프트웨어 기술은 빠르게 진화하고 있고, 새로운 활용 방식 역시 끊임없이 등장하고 있다.

내가 공동 창업한 카멜테크놀로지에서는 AI와 데이터 분석을 중심으로 다양한 사업을 전개하고 있다. 그중에서도 주목할 만한 분야는 VOC$^{Voice\ of\ Customer}$ 영역이다.

이 책에서 나는 '고객과의 대화가 중요하다'라는 메시지를 여러 차례 강조했다. 하지만 현실적으로 모든 직원이 고객과 자주 대화하기는 어렵다.

그렇다면 어떻게 전사적으로 고객 인사이트를 확보할 수 있을까? 카멜테크놀로지의 VOC 서비스는 그 해답이 될 수 있다. 이 서비스는 콜센터 기록이나 설문 응답을 AI가 분석해 핵심 인사이트를 도출하고, 이를 전 직원이 실시간으로 볼 수 있도록 지원한다. 이 사업은 아직 초기 단계에 있지만 발전 가능성이 크다.

　AI를 활용한 고객 인사이트 확보가 실질적인 사업 전략으로 어떻게 연결되는지, 앞으로 그 성과로 증명해보고 싶다.

맺음말

사장의 수첩에는
성공 기회가 쓰여 있다

'왜 우리 회사는 늘 타이밍을 놓칠까?'

'그 회사의 사장은 도대체 어떻게 성공할 아이디어만 떠올리지?'

일하다 보면 문득 이런 질문이 떠오른다. 성공한 사장들에겐 분명 무언가가 있었다. 옳은 선택을 내리는 판단력, 기회를 놓치지 않는 순발력, 반짝이는 인사이트를 찾는 통찰력까지. 나는 그 힘이 사장의 수첩 안에 적혀 있을 것이라고 생각했다. 그래서 나는 그 안을 들여다보고 비밀을 찾아봤다.

이 책을 쓰기 위해 만났던 모든 사업가가 내게 큰 통찰을 줬다. 그들과 대화한 내용을 몇 번이고 되돌아보며 사업의 의미와 사업가의 역할에 대해 다시 생각해볼 수 있었다.

책을 쓰는 동안 고마운 사람이 참 많았다.

먼저, 인터뷰에 흔쾌히 응해준 이시쿠라 씨, 오카다 씨, 가타이시 씨, 가도 씨, 시게마쓰 씨, 다카하시 씨, 다카하라 씨, 나가시마 씨, 나리타 씨께 진심으로 감사드린다. 익명을 전제로 사례 소개를 허락해 준 I 씨, G 씨에도 깊은 감사를 전한다. 원고를 함께 다듬어준 아내, 그리고 책을 내기까지 많은 도움을 준 시라토 쇼 씨께도 이 자리를 빌려 고마움을 전한다.

항상 날카로운 조언을 아끼지 않는 투스톤&선스의 공동대표이자 CEO인 가와바타 야스유키 씨, 브레이브 그룹의 대표이사 노구치 게이토 씨, 스몰 M&A 및 관련 서적에 대한 통찰을 준 앤드테크놀로지스 대표 가쓰키 겐타 씨, 실제로 스몰 M&A를 실행한 미나토 대표 야마사키 유타 씨에게도 감사의 마음을 전한다. 그리고 나와 함께 사업에 도전했던 모든 동료에게 이 책을 바친다.

거창하게 들릴지도 모르지만, 이 책은 '성공한 신사업 사례들을 하나의 이론으로 엮어보려는 시도'였다. 그 내용을 최대한 이해하기 쉽게 전달하고자 어려운 부분은 많이 덜어냈다. 그러다 보니 어쩌면 단순하고 당연한 내용으로 느껴질 수도 있다. 하지만 새로운 사업, M&A, 소수 지분 투자라는 주제에 부담 없이 다가갈 수 있는 기회가 되었기를 바란다.

책을 쓰는 내내 매일 새로운 깨달음을 얻었고, '이건 꼭 책에 담아야지'라며 수첩에 메모하는 순간들이 하루에도 여러 번 있었다. 책을 쓰는 과정이 결코 쉽진 않았지만, 그만큼 많은 것을 배운 값진 시간이었다.

나는 책을 쓰는 내내 '성공한 사장의 수첩에서 어떤 통찰을 찾아 신사업 실무자에게 전해주면 좋을까?' 고민했다.

　이 책에서 소개한 사장들의 수첩에는 새로운 개념이 적혀 있지 않았다. 하지만 모두 공통적으로 무엇에 집중해야 하는지 확실한 기준이 있었다. 그리고 그 기준은 늘 성공 기회를 만들었다.

　지금까지 엿본 잘되는 회사 사장들의 수첩 속 내용을 새로운 사업으로 숨 쉬게 만들기를 바란다.

참고 자료

1부. 잘되는 회사의 사장은 새로운 사업 분야를 어떻게 찾을까?

- "소프트뱅크는 이동통신 시장에 진입한 라쿠텐과 어떻게 경쟁할 것인가? 미야우치 사장 인터뷰 (상)", 니케이XTECH
  https://xtech.nikkei.com/atcl/nxt/column/18/00677/070800019/
- "'경제권이란 시대착오적 발상' 소프트뱅크 미야우치 사장이 말하는 PayPay의 승산(하)", 니케이 XTECH
  https://xtech.nikkei.com/atcl/nxt/column/18/00677/070800020/
- "메루카리 고이즈미 씨에게서 얻은 강렬한 배움", note
  https://note.com/horishou/n/nfdd6964c6d78
- "'창업의 궤적' Vol.2 라쿠스루, 마쓰모토 야스카네", GenesiaVentures
  https://www.genesiaventures.com/road-to-startup-2-yasukane-matsumoto/
- "대기업과 벤처를 모두 경험한 창업가, 스페이스마켓 대표 시게마쓰 다이스케 인터뷰", 창업수첩
  https://sogyotecho.jp/shigematsu-interview/
- 《블리츠스케일링》, 리드 호프먼, 크리스 예 공저, 이영래 역, 쌤앤파커스, 2020
- 《후지필름의 '변화시키는 힘'(富士フイルムの「変える力」)》, 이토 코우스케 저, 2017
- "데이터로 일본을 업그레이드한다", JDSC×UTEC
  https://www.ut-ec.co.jp/story/jdsc
- "유토리가 만든 우리의 공간: SNS로 의류 사업을 하려면?(상)", Fashion Tech News
  https://ftn.zozo.com/n/n352228d45f9d
- "'웹 2.0은 이미 낡았다' – GREE가 모바일 SNS에서 KDDI와 손잡은 이유", ITmedia Mobile
  https://www.itmedia.co.jp/news/articles/0608/01/news055.html
- "DX에 대한 다양한 시각", DIGITAL Transformation Lab
  https://www.dxlab.jp/press/2021/11/25/pointofview
- 주식회사 프로그릿 '2024년 8월기 제1분기 실적 설명 자료'
  https://ssl4.eir-parts.net/doc/9560/tdnet/2379189/00.pdf
- 《마이클 포터의 경쟁전략》, 마이클 포터 저, 미래경제연구소 역, 권용 감수, 프로제, 2018

2부. 성공한 사장의 수첩에서 인사이트를 찾아내라

- "BLUE OCEAN"
  https://www.blueoceanstrategy.com/what-is-blue-ocean-%20strategy/

- 《블루오션 전략 확장판》, 김위찬, 르네 마보안 공저, 김현정, 이수경 공역, 교보문고, 2015
- 큐비넷홀딩스 주식회사 '2024년 6월기 상반기 실적 설명회 자료'
  https://www.rouhyo.org/wp/wp-content/uploads/%E3%80%90%E5%88%A5%E7%B4%99%E3%80%91QBN24%E5%B9%B46%E6%9C%88%E6%9C%9F%E4%B8%8A%E6%9C%9F%E6%B1%BA%E7%AE%97%E8%AA%AC%E6%98%8E%E4%BC%9A%E8%B3%87%E6%96%99.pdf
- 《어텐션 팩토리》, 매튜 브래넌 저, 박세정, 노소현 공역, 책과나무, 2021
- 유튜브 "젠슨 황: 스탠포드 학생이자 기업가, NVIDIA의 공동 창립자 겸 CEO"
  https://www.youtube.com/watch?app=desktop&v=Xn1EsFe7snQ
- "에어비앤비 창립자가 꿈을 지키기 위해 시리얼을 판매한 방법", Medium
  https://ehandbook.com/how-airbnb-founders-sold-cereal-to-keep-their-dream-alive-d44223a9bdab
- "존 도어가 구글 창업자에게 '선물'을 가져다준 순간", WIRED
  https://www.wired.com/story/when-john-doerr-brought-a-gift-to-googles-founders/
- 유튜브 "브라이언 체스키, 에어비앤비 공동 창립자 겸 CEO: 별 10개짜리 경험 디자인하기"
  https://www.youtube.com/watch?v=V6h_EDcj12k
- 《구글 엔지니어는 이렇게 일한다》, 타이터스 윈터스, 톰 맨쉬렉, 하이럼 라이트 공저, 개앞맵시 역, 한빛미디어, 2022
- 크라우드소싱 TIMES
  https://crowdworks.jp/times/
- "콘셉트 명확화에서 동질화 전략으로 전환. 후발 주자 크라우드워크스가 밝히는 시장 장악 전략", FASTGROW
  https://www.fastgrow.jp/articles/crowdworks-narita
- "업계 최대 규모 크라우드워크스로 본 플랫폼 비즈니스의 현재와 미래-글로비스 경영대학원 공식 클럽 '비즈니스 모델 연구회' 이벤트 리포트", 글로비스경영대학원
  https://mba.globis.ac.jp/knowledge/detail-17880.html
- 《제로 투 원》, 피터 틸, 블레이크 매스터스 공저, 이지연 역, 한국경제신문, 2021

3부. 성공한 사장의 수첩에는 결과가 담겨 있다

- "Mission Command" 방위전략연구실 하라노 히로부미(原野博文)
  https://www.mod.go.jp/asdf/meguro/center/img/03b1.pdf
- 유튜브 "치열한 일상 - 패션 기업의 이면"
  https://www.youtube.com/@yutoriinc
- "ZOZO 산하의 D2C 패션 브랜드 'yutori' 상장. '누구나 아는 브랜드는 만들지 않겠다'는 이유", BUSINESS INSIDER
  https://www.businessinsider.jp/article/280553/

가끔은 혁신을 추구하다 실수할 때도 있습니다.
하지만 빨리 인정하고 다른 혁신을 개선해
나가는 것이 최선입니다.

– 스티브 잡스

옮긴이 김양희

일본 도쿄대학 대학원에서 학위를 받았다. 현재 출판번역 에이전시 글로하나에서 일본어 번역가로 활동하고 있다. 역서로는 《일 잘하는 사람들이 보이지 않는 곳에서 반드시 하는 것》《끌어당김의 법칙》《효과 빠른 번아웃 처방전》《오십부터는 왜 논어와 손자병법을 함께 알아야 하는가》《기적을 담는 카메라》 등이 있다.

사장의 수첩에는 무엇이 쓰여 있을까?

1판 1쇄 인쇄 2025년 7월 30일
1판 1쇄 발행 2025년 8월 13일

지은이 나카무라 요지
발행인 김태웅
책임편집 박지혜　　　　　　**기획편집** 이미순, 이슬기
표지 디자인 유어텍스트　　　**본문 디자인** 호우인
마케팅 총괄 김철영　　　　　**마케팅** 서재욱, 오승수
온라인 마케팅 박예빈　　　　**인터넷 관리** 김상규
제작 현대순　　　　　　　　**총무** 윤선미, 안서현
관리 김훈희, 이국희, 김승훈, 최국호

발행처 ㈜동양북스
등록 제2014-000055호
주소 서울시 마포구 동교로22길 14(04030)
구입 문의 (02)337-1737　**팩스** (02)334-6624
내용 문의 (02)337-1763　**이메일** dymg98@naver.com

ISBN 979-11-7210-933-2　03320

ⓒ 2024, 나카무라 요지 All rights reserved.

- 이 책은 저작권법에 의해 보호받는 저작물이므로 무단 전재와 무단 복제를 금합니다.
- 잘못된 책은 구입처에서 교환해드립니다.